【英語】

前置詞
イメージ教室

前置詞26選トレーニングブック

亀山征史 著

南雲堂

「音声のご案内」

本書には、日本人英語学習者にとって最適な「日本語→英語」の音声CDが付属しています。まずは日本語を聴いて例文の状況を頭に思い浮かべて、次にその日本語を英語に変換していく練習を積み重ねることにより、学習効果の向上が図れます。また、ある程度例文が身についてきたら、英語音声に集中することで英語の聴き取りにも挑戦してみましょう。

＊CDが使えないという読者向けに同音声データの無料ダウンロードサービスも行っています。以下のサイトにて「英語前置詞イメージ教室」と検索してください。

https://nanundo.stores.jp/

はしがき

　本書は英語の前置詞の中の 26 個について、筆者の見解を述べたものです。前置詞はいわゆる「付属語」で、必ず名詞の前に置かれ、文章全体の内容に応じて様々な意味を持つことは辞書が示す通りです。名詞の flower という単語であれば「花」という一つの訳語で概ね間に合うでしょうが、前置詞の場合はどうでしょう。現今の英和辞典では、「中心的イメージ」を提示した上で、様々な訳語を示すという工夫をしています。これはこれで立派な工夫でしょうが、それぞれの文章に適応できる共通の訳語があればやはり便利で、これからの英語学習がより楽になるはずです。

　本書にて、筆者は浅学非才を顧みずに今回とりあげた 26 の前置詞について、文意にかかわらず大概において間に合わせることができる訳語の提示を試みた次第です。

　そして本書で用いた例文も、『新英和大事典　第六班』（研究社　電子辞書版）を始めとして、現今手に入る英和辞典の多くを参考にさせて頂き、いまの時代にあった例文を掲載できるように努めました。

　最後になりますが、筆者の意図を汲み出版に御協力下さった、南雲堂の編集責任者・加藤 敦氏、校正及び貴重なご意見を頂いた、南雲堂の中西 史子氏に厚くお礼申し上げます。

令和 2 年 6 月 24 日　著者

この本の使い方

　本書は 26 の英語の前置詞を扱っていますが、言うまでもなく初めの
ページから順を追って読んでいただく必要はありません。日頃からあ
るいは目下気に掛かっている前置詞があれば、まずそのページをめくっ
てください。

　例えば、with の場合、「〜と一緒に」という通常の訳語が頭の中心
にあると、Off with your hat. が「帽子を脱ぎなさい。」の意味になる「由
来(理由)」がはっきりと理解できません。本書では、with を 25 番目(154
ページ)に扱っていますので、早速ページをめくってみてください。

　誰にとっても分かり易い完全な回答や解説とまではいかないかもし
れませんが、この本を手にとっていただいた皆様の英語学習に少しで
も寄与することができれば幸いです。

　この本では 26 の英語前置詞を取り上げ、各前置詞の使い方を理解で
きることを目的にして、次の構成から成り立っています。

1ページ目	取り上げた「前置詞」の基本となる概念(がいねん)を提示して、5つの例文を取り上げそのイメージを膨らませる。
2ページ目	1ページ目での理解をもとに、その前置詞の**基本イメージ**を提示し、5つの例文を取り上げて確認する。
3、4ページ目	「基本イメージ[基本概念]」の定着を目的とした練習問題(トレーニング1)で自分の理解を確認する。
5、6ページ目	発展問題(トレーニング2)に挑戦し、表題の前置詞の理解を定着させる。

　巻末には、2つの前置詞から適切なものを選択する、「前置詞比較」
の問題(トレーニング3)も付加しています。ここまでやれば英語学
習における「前置詞」の悩みをなくすことができるでしょう。

目次

はしがき、この本の使い方

1. about

前置詞 about はその（目的語が示す）対象とその近辺（きんぺん）をまとめて大まかに示します。次の例文 1 〜 5 で確認しましょう。

1. Look at that gentleman **about** my height.
   私の背丈と（同じか）同じくらいのあの紳士を見てごらん。

2. I think I lost my coin purse **about** here.
   僕が小銭入れを失くしたのはここかこの近くだと思う。

3. He knows so much **about** the computer.
   コンピューターやそれに関わることなら彼はよく知っている。

4. That's **about** it.
   それがほぼ正解だ。

5. The bees buzzed **about** my head.
   ミツバチの群れが私の頭に付いたり離れたりしながらブンブンと飛び回っていた。

前頁を参考に、ここでは「の辺りに」を前置詞 about の「**基本イメージ**」として、**about** を含む各例文を読み解き、それぞれ適切な日本語に訳してみましょう。

＊「辺り」＝おおよその目安、目当てを示す語。また、それとはっきり示さず、漠然とあるいは間接的、婉曲にそれをさす。

『精選版　日本国語大辞典』（小学館）

基本例文

1. You will find my boy **about** the house.
（家の辺りに）
息子なら家の中か、家の近くにいるでしょう。

2. There is an air of mystery **about** the girl.
（その少女の辺りに）
謎めいた雰囲気がその少女には［態度や外見に］どことなく漂っている。

3. We sat **about** the fire.
（焚火の辺りに）
我々は焚火の近くに雑然と座った。

4. I'll think **about** it.
（それの辺りに）
それを含めていろいろ考えてみます。

5. She thought **about** quitting her job.
（仕事を辞めることの辺りに）
彼女は仕事を辞めることを含めていろいろ考えた。

1. about 練習問題

各カッコ内の「**基本イメージ**」を参考に、about を含む各例文を読み解き、それぞれ適切な日本語に訳してみましょう。

1. She thought **about** cutting her hair.
   （髪を切ること<u>の辺りに</u>）

2. Keep your wits **about** you.
   （君<u>の辺りに</u>）

3. How **about** going to your work?
   （仕事に取り掛かる<u>辺りに</u>）

4. I'm sorry **about** the accident.
   （その事故<u>の辺りに</u>）

5. There are trees dotted **about** the park.
   （その公園<u>の辺りに</u>）

6. Our job is all **about** guarding the place.
   （当地の保安<u>の辺りに</u>）

1. about 練習問題参考訳

1. 彼女は**そろそろ**髪を切っても**いい頃かと**思った。

2. **自分の身辺には**気を配っているのよ。

3. **そろそろ**仕事に取り掛かって頂くのは如何(いかが)でしょう。

4. 思いがあの事故**のことに絡(から)むと**悲しいです。

5. **その公園の辺りには**樹木が点在している。

6. 我々の任務は**当地の警備とそれに類すること**である。

1. about 発展問題

🎧

　各カッコ内の「**基本イメージ**」を参考に、about を含む各例文を
読み解き、それぞれ適切な日本語に訳してみましょう。

1. Tell us **about** what has happened?
   （起った事**の辺りに**）

2. How **about** stopping work now?
   （作業を止めること**の辺りに**）

3. Bring me the other book while you are **about** it.
   （それ**の辺りに**）

4. Take him home, and while you're **about** it you
   （そのこと**の辺りに**）
   can post this letter.

5. What is he talking **about**?
   （何**の辺りに**）

6. Winning is what it's all **about**.
   （目標が全て**その辺りに**あるもの＝目標の究極の中心）
   it= それ（今ここにある目標）

1. about 　発展問題参考訳

1. **大体でいいから**何が起こったのか私達に話してよ。

2. **そろそろ仕事を終了にしてもよい**頃です。

3. 君がその本に**なんとなく関わっ**ているのなら、もう1冊の
　方を僕に持ってきてよ。

4. 彼を家まで送って頂戴、そしてそうする**ついでに**この手紙
　を投函してね。

5. **何を軸［中心］にして**彼はしゃべっているの。

6. 勝つことが**究極の**目標だ。

2. above

前置詞 above はその（目的語が示す）対象より高い位置にあることを示します。次の例文1～5で確認しましょう。

1. The sky **above** our heads was a deep blue.
   我々の頭上の空は真っ青だった。

2. The weight is **above** a ton.
   その重量は一トン（の目盛り）を越えている。

3. Health is **above** wealth.
   健康の価値は富より高い。

4. He is **above** me in rank.
   彼は地位では私より高い。

5. The city lies several miles **above** New York.
   その都市は緯度がニューヨークより高く、その北方数マイルの所にある。

前頁を参考に、ここでは「の上方に」を前置詞 above の「基本イメージ」として、above を含む各例文を読み解き、それぞれ適切な日本語に訳してみましょう。

基本例文

1. He is **above** himself.
   （彼自身の上方に）
   彼は<u>身の程**を忘れて**思い上っ</u>ている。

2. Have diligence **above** all.
   （全ての上方に）
   勤勉（きんべん）を<u>何**よりも**大切に</u>しなさい。

3. I'll take beer **above** wine.
   （ワインの上方に）
   僕の好みではビールは<u>ワイン**に**勝る</u>。

4. The applicants must be **above** the age of 25.
   （25 歳の上方に）
   この応募資格は <u>25 歳**を超えて**</u>いなければならない。
   （25 歳は不可。）

5. Our boss is **above** such a trivial problem.
   （そのような些細（ささい）な問題の上方に）
   我々の上司はそんな<u>些細な問題**には**超然（ちょうぜん）としている</u>人だ。

2. above 練習問題

　各カッコ内の「**基本イメージ**」を参考に、above を含む各例文を
読み解き、それぞれ適切な日本語に訳してみましょう。

1. She married **above** herself.
   （彼女自身の上方に）

2. **above** the fifth century
   （5世紀の上方に）

3. Our mayor is **above** telling lies.
   （嘘を吐くことの上方に）

4. Don't live **above** your means.
   （君の資力の上方に）

5. The problem is **above** children's understanding.
   （子供の理解力の上方に）

6. She wears a sweater **above** a shirt.
   （シャツの上方に）

2. above 練習問題参考訳

1. 彼女は(社会的立場が)自分より高い人と結婚した。

2. 5世紀を遡って(過去を時の流れの上流と見なしています。)

3. 我々の市長は嘘などは吐かない品性の高潔な人だ。

4. 自分の資力を上回る生活をするな。

5. その問題は子供の理解力が及ばない程高度だ。

6. 彼女はシャツの上に掛けてセーターを着ている。
   (セーターの下にシャツが覗いています。)

   cf. I wear a sweater **over** a shirt.
   私はシャツに重ねてセーターを着ています。
   (シャツは覗いていません。)

2. above 発展問題

　各カッコ内の「**基本イメージ**」を参考に、above を含む各例文を
読み解き、それぞれ適切な日本語に訳してみましょう。

1. The river is no longer navigable **above** this point.
   （この地点<u>の上方に</u>）

2. Turn right at the first corner **above** the bank.
   （銀行<u>の上方に</u>）

3. We heard the shot **above** the noise of the train.
   （列車の騒音<u>の上方に</u>）

4. Our boss is <u>not **above** listening to his staff</u>.
   （部下に耳を貸すこと<u>の上方に</u>）

5. One should not be **above** one's business.
   （自分の仕事<u>の上方に</u>）

6. He is honest and **above** bribery.
   （収賄<u>の上方に</u>）

7. Some large companies act seemingly
   above the law.
   （法律<u>の上方に</u>）

2. above 発展問題参考訳

1. この川は、この地点**より上流は**航行（こうこう）不能だ。

2. 銀行**の先の**最初の角を右に曲がって下さい。
   * 道路を進行中の場合、（景色が流れて来る）**前方**を**上方**とします。cf. **above** the bridge
3. 列車の騒音**を上回る**銃声が聞こえた。

4. 我々の上司は部下に耳を貸さない程**高慢**（こうまん）**ではない**。

5. 自分に与えられた仕事**を高みから見て馬鹿にしては**いけない。

6. 彼は正直で賄賂（わいろ）**などは受けない高潔な**人だ。

7. 大企業は法律**を見下して馬鹿にする**ことがある。

3. across

前置詞 across はその（目的語が示す）**対象と交差することを**示します。次の例文１〜５で確認しましょう。

1. What is the distance **across** the river?
   その川**の差し渡しの**幅はどれくらいですか。

2. Pipes carry the water **across** the desert.
   導管がその砂漠**の端から端へ**水を送っている。

3. I helped an elderly woman **across** the busy street.
   私は老婦人が繁華な通り**を渡るのに**手を貸した。

4. I really get **across** him.
   私はすぐに彼**と意見が衝突する**。

5. We saw a deep crack **across** the ceiling.
   一筋の深い亀裂が天井**の端から端まで横切って**いた。

前頁を参考に、ここでは「と交差して」を前置詞 across の「**基本イメージ**」として、across を含む各例文を読み解きそれぞれ適切な日本語に訳してみましょう。

基本例文

1. I came **across** my old friend on the way home.
   （旧友と**交差して**）
   私は帰宅途中に旧友と（道筋が**交差して**）**出くわすこと**になった。

2. A sweet smile spread **across** her face.
   （彼女の顔と**交差して**）
   愛らしい微笑みが彼女の顔**の端から端まで**拡がった。

3. He sat with his arms **across** his breast.
   （彼の胸と**交差して**）
   彼は胸の前**に横一線に**腕を組んで座っていた。

4. My acquaintance lives **across** the street from me.
   （道路と**交差して**）
   知人は私の家から道路**を横切った**向こう側に住んでいる。

5. They laid two sticks **across** each other on the
   （互いに相手と**交差して**）
   body.
   彼らはその死体の上に 2 本の棒を互い**に交差させて**置いた。

3. across 練習問題

　各カッコ内の「**基本イメージ**」を参考に、**across** を含む各例文を読み解き、それぞれ適切な日本語に訳してみましょう。

1. There is a car parked right **across** the entry.
   （入口と交差して）

2. The two men faced each other **across** the table.
   （テーブルと交差して）

3. There is a small village **across** the woods.
   （この森と交差して）

4. It is easier to cut wood **across** the grain.
   （木目の筋と交差して）

5. He was carrying a large bag **across** his shoulders.
   （彼の背中と交差して）

6. Shall we take a shortcut **across** the park?
   （公園と交差して）

3. across 練習問題参考訳

1. 1台の車が<u>入り口**の横幅を**端から端まで**塞^{ふさ}いで**</u>駐車していた。

2. その2人の男性は<u>テーブル**を挟^{はさ}んで向き合って**</u>対面した。

3. <u>この森**を**こちらから向こうまで**突き抜ければ**</u>小さな村があります。

4. 木は<u>木目の筋**に交差させて**</u>切る方が楽だ。

5. 彼は荷物を<u>両肩**の前後に跨^{また}がせて**</u>運んでいた。

6. <u>公園**を横切って**</u>近道をしないか。

3. *across* 発展問題

　各カッコ内の「**基本イメージ**」を参考に、across を含む各例文を読み解き、それぞれ適切な日本語に訳してみましょう。

1. I came **across** this picture when I was cleaning
   　　　　（この絵と交差した）
   out the attic.

2. Cooperation **across** national boundaries is nec-
   essary.　　　　　　（国境線と交差して）

3. Facial expressions are interpreted in similar
   ways **across** cultures.
   　　（諸文化と交差して）

4. I have been **across** the territory a hundred times.
   　　　　　　（この地域と交差して）

5. He is a movie star known **across** the world.
   　　　　　　（全世界と交差して＝世界の端々まで）

3. across 発展問題参考訳

1. 屋根裏部屋を大掃除していたら<u>この絵**に出くわした**</u>。

2. <u>国境**を跨** いでの</u>協力が必要だ。

3. 表情に現れる様々な感情は<u>諸文化間**を跨いで**</u>同じように解釈される。

4. 私は幾度となく<u>この地域**を端から端まで渡り**歩いたことがある</u>。

5. 彼は<u>世界**を跨いで**</u>知られている映画スターです。

4. after

前置詞 after はその（目的語が示す）対象の後（あと）を追うことを示します。次の例文 1 〜 5 で確認しましょう。

1. **After** you, please.
   お先にどうぞ（私はあなたの後を追いますので）。

2. My name is **after** yours on the roll.
   出席簿では僕の名前は君の名前の次だ。

3. Tom is **after** Kate.
   トムはケイトを（ものにしようと）追い回している。

4. She stared **after** her husband.
   彼女は夫の後ろ姿を追って見つめた。

5. This is a picture **after** Picasso.
   これはピカソを真似た［の後を追っている］絵です。

前頁を参考に、ここでは「の後を追って」を、前置詞 after の「**基本イメージ**」として、次の各例文を読み解き、それぞれ適切な日本語に訳してみましょう。

基本例文

1. All his plans succeeded one **after** another.
（同類**の後を追って**）
彼の計画は<u>次々と</u>**続いて**成功した。

2. **After** a storm, comes a calm.
（嵐**の後を追って**）
<u>嵐**が**終われば続いて</u>凪が来るものだ［<u>苦**あれば**</u>楽あり（諺）］。

3. Betty takes **after** her grandmother.
（祖母**の後を追って**）
ベテイは祖母**に似て**いる。
＊take (root) 〜＝〜に生まれついている

4. **After** all my care, it got broken.
（私の全ての用心**の後を追って**）
<u>私が大いに用心した**のに**忽ち</u>壊れてしまった。

5. My house seems small **after** yours.
（君の家**の後を追って**）
<u>君の家**を**見たすぐ**後は**</u>僕の家は小さく見える。

4. *after* 練習問題

　各カッコ内の「**基本イメージ**」を参考に、**after** を含む各例文を読み解き、それぞれ適切な日本語に訳してみましょう。

1. We are tired **after** our long walk.
   （長時間歩いた**後を追って**）

2. He inquired **after** his father.
   （父**の後を追って**）

3. He lives in the house **after** the church.
   （教会**の後を追って**）

4. She was named Ann **after** her grandmother.
   （祖母**の後を追って**）

5. Close the door **after** you.
   （君**の後を追って**）

6. He is a man **after** my heart.
   （私の心情**の後を追って**）

4. *after* 練習問題参考訳

1. 我々は長時間歩いた**後で**疲れている。

2. 彼は父の**それ以後を追って**尋ねた。

3. 彼は教会**の次の**家に住んでいる。
   （教会に向かって進んでいる状況です）

4. 彼女は祖母の名**を受け継いで**アンと名付けられた。

5. 部屋の出入り**の後はすぐ**ドアを閉めなさい。

6. 彼は私の心情**に合わせてくれる**人です。

4. after 発展問題

　各カッコ内の「**基本イメージ**」を参考に、after を含む各例文を読み解き、それぞれ適切な日本語に訳してみましょう。

1. Let me look **after your children** while you are away.　（お子さん達の後を追って）

2. **After** what he has done to me, how can I trust him?　（彼が私にした行為の後を追って）

3. **After** all my advice, you made such a mistake.
   （僕の全ての忠告の後を追って）

4. He is the most powerful man in the country **after** the king.
   （現王の後を追って）

5. He faced rejection **after** rejection to find a job.
   （不採用の後を追って）

4. after 発展問題参考訳

1. お留守の間、お子さん達の行動**を**(**追って**)見守ることを私にさせて下さい。

2. 彼が私にあんなことをした**後で**、彼を信用できるわけがない。

3. 僕があれほど忠告した**ばかりなのに**、君はそんな失敗をしたのだね。

4. 彼はその国で現王**に次ぐ**権力者である。

5. 彼は職探しでは不採用**に継ぐ**不採用に直面した。

5. against

前置詞 against はその (目的語が示す) 対象に張り合い、抗う姿勢を示します。次の例文 1 〜 5 で確認しましょう。

1. He is leaning **against** the wall.
   彼は壁に張り合って押し返すように凭れている。

2. A deluxe car is parked **against** the building.
   一台の豪華な車がビルに張り合うように近くに寄って駐車している。

3. He crossed the street **against** the red light.
   彼は赤信号に逆らって道路を渡った。

4. He seems to have something **against** me.
   彼は私に反発する気持ちがあるようだ。

5. There is no medicine **against** death.
   死に抗える薬は無い。

前頁を参考に、ここでは「に抗って」を、前置詞 against の「基本イメージ」として、against を含む各例文を読み解き、それぞれ適切な日本語に訳してみましょう。

基本例文

1. The yen has risen **against** the dollar.
（ドルに抗って）
円がドルに反発して値上がりした。

2. It will be ready **against** his coming.
（彼の到来に抗って）
彼の到着に遅れないように準備ができるでしょう。

3. My car is insured **against** theft.
（盗難に抗って）
私の車は盗難に備えて保険に入っている。

4. Hailstones were beating **against** the window.
（窓に抗って）
あられが窓に挑みかかるように打ち付けていた。

5. The white sail stood out **against** the dark sea.
（暗い海に抗って）
暗い海に張り合うようにくっきりと白い帆がそそり立っていた。

5. against 練習問題

　各カッコ内の「**基本イメージ**」を参考に、**against** を含む各例文を読み解き、それぞれ適切な日本語に訳してみましょう。

1. He was running **against** his own record.
   　　　　　　　　　　（自身の記録に抗って）

2. It goes **against** my instincts to hit a woman.
   　　　　　　（私の性分に抗って）

3. What is the advantage of flying **against** going by
   　　　　　　　　　　　　　　　　（車で行くことに抗って）

   car?

4. A notice was displayed, warning people
   against pick-pockets.
   　　　（スリに抗って）

5. Put the piano with its back **against** the wall.
   　　　　　　　　　　　　（壁に抗って）

6. Don't go **against** your nature.
   　　　　　　（君の性分に抗って）

5. against 練習問題参考訳

1. 彼は<u>自己記録**に負けまいとして**</u>走っていた。

2. 女性を殴るなんて<u>私の性分**に反する**</u>。

3. <u>車で行くこと**に匹敵する**</u>飛行機の利点は何だ。

4. <u>スリ**に対する**用心を</u>人々に警告する掲示が出ていた。

5. このピアノの背を<u>壁**にぴったり寄せて**</u>置いて下さい。

6. <u>自分の性分**に逆らっては**</u>いけない。

5. against 発展問題

　各カッコ内の「**基本イメージ**」を参考に、against を含む各例文を読み解き、それぞれ適切な日本語に訳してみましょう。

1. There was a huge tree boldly silhouetted **against** the blue sky.
   （青空に抗って）

2. I decided **against** accepting the inheritance.
   （遺産を受け取ることに抗って）

3. He asked for an advance **against** his salary.
   （給料に抗って）

4. Deliver this package **against** payment of cost.
   （代金の支払いに抗って）

5. You should guard **against** the possibility of fire.
   （火災の可能性に抗って）

6. Our next game is **against** the Yankees.
   （ヤンキースに抗って）

5. against 発展問題参考訳

1. 一本の大樹が<u>青空**を背にして**</u>、くっきりと黒い輪郭（りんかく）を浮かび上がらせていた。

2. 私は遺産の受け取り<u>**を**拒（こば）**むことを**</u>決心した。

3. 彼は<u>規定日（の給料）**に抗って**</u>前借りを求めた。

4. <u>代金支払い**と引き換えに**［代金支払い**の見返りに**］</u>この荷物を渡しなさい。

5. <u>火災の可能性**を抑える**</u>備えをすべきだ。

6. 我々の次の試合は<u>**対**ヤンキース</u>だ。

6. among

前置詞 among はその（目的語が示す）三者以上の類似の対象の群れに混入した状態を示します。次の例文 1 〜 5 で確認しましょう。

🎧17

1. **Among** the crowd, there was Mr. A.
   その群衆に混じってA氏がいた。

2. He hid himself **among** the trees.
   彼は木々に紛れて身を隠した。

3. She is **among** the prize winners.
   彼女はその賞の受賞者のひとりです。

4. Bees droned **among** the blossoms.
   花々に混じってミツバチがブンブンと飛び交(か)っていた。

5. You can relax yourself. You are **among** friends.
   くつろいでいいよ。君は友人の中に居るのだから。

前頁を参考に、ここでは「の群れに混じって」を、前置詞 among の「基本イメージ」として among を含む各例文を読み解き、それぞれ適切な日本語に訳してみましょう。

基本例文

1. He is a writer **among** writers.
   （作家の**群れに混じって**）
   彼は<u>同類の作家達**の中でも**</u>一際目立つひとりだ。

2. I like baseball **among** others.
   （他の同類の**群れに混じって**）
   <u>他にもスポーツはありますが、その**中でも**</u>僕は特に野球が好きです。

3. There is honor **among** thieves.
   （泥棒の**群れに混じって**）
   <u>泥棒仲間**にも共有する**</u>仁義はある。［盗人にも仁義あり。］

4. We don't have thirty dollars **among** us.
   （我々の**群れに混じって**）
   <u>似た者同士の我々**の中で**かき**集めても**</u> 30 ドルもない。

5. **Among** those present, there was a famous actress.
   （出席者の**群れに混じって**）
   <u>出席者の**群れに混じって**</u>ある有名女優がいた。

6. among 練習問題

　各カッコ内の「**基本イメージ**」を参考に、among を含む各例文を読み解き、それぞれ適切な日本語に訳してみましょう。

1. The ball landed **among** the spectators.
（観客の群れに混じって）

2. We finished the work **among** ourselves.
（我々自身の群れに混じって）

3. **Among** all my memories, there is one of special
（数ある思い出の群れに混じって）

   interest.

4. Divide the money **among** you.
（君達の群れに混じって）

5. We engaged in missionary work **among** the local
   people.　　（その地の人々の群れに混じって）

6. Kate wasn't able to choose **among** the three
   suitors.　　（三人の求婚者の群れに混じって）

6. among 練習問題参考訳

1. そのボールは落ちて観客**の群れに紛れ込んだ**。

2. その仕事は我々で済ませた。

3. 数ある思い出も皆**似たようなものだが、その中でも**興味深いものがひとつある。

4. その金は君達で均等に分け合いなさい。

5. 我々はその土地の人々に溶け込んで伝道活動を行った。

6. ケイトはその三人の求婚者の中に立って相手を選び、決めることができなかった。

6. among 発展問題

各カッコ内の「**基本イメージ**」を参考に、among を含む各例文を
読み解き、それぞれ適切な日本語に訳してみましょう。

1. This is a proverb **among** the Spanish.
（スペイン人の群れに混じって）

2. Eighty have passed, myself **among** the rest.
（その他の群れに混じって）

3. Don't degenerate him **among** you.
（君たちの群れに混じって）

4. Those children play only **among** themselves.
（彼ら自身の群れに混じって）

5. He is only one **among** many who suffer from
overwork. （多くの人の群れに混じって）

6. I found an important document **among** the papers
scattered on the floor. （床に散らかった書類の群れに混じって）

6. among 発展問題参考訳

1. これはスペイン人社会<u>**の中では**</u>**馴な染じみの**ことわざだ。

2. 80人が合格して、私は<u>その他の</u>（不合格者の）<u>**ひとり**</u>でした。

3. <u>君たち**のような仲間に馴染ませて**</u>彼を堕だ落らくさせないでおくれ。

4. あの子供たちは彼ら<u>**同士**</u>でしか遊ばない。

5. 彼は過労に苦しむ<u>多くの**同類の**</u>ひとりに過ぎない。

6. 床に散らかった<u>**書類に混じって**</u>、ひとつ重要書類があった。

7. around

　前置詞 around はその（目的語が示す）対象の周囲や内部を、計画的・網羅的に巡ることを示します。次の例文 1 〜 5 で確認しましょう。

🎧 20

1. The moon turns **around** the earth.
   月は地球の周囲を回っている。

2. Blood flows continuously **around** the body.
   血液は絶えず体全体を巡って流れている。

3. We sat **around** the fire.
   我々は焚火をぐるっと囲んで座った。

4. There are many restaurants **around** our town.
   この町にはレストランは多く、町中どこにでもあるよ。

5. He looked **around** the room.
   彼はその部屋の中をぐるっと見回した。

前頁を参考に、ここでは「を巡って」を、前置詞 around の「**基本イメージ**」として around を含む各例文を読み解き、それぞれ適切な日本語に訳してみましょう。

基本例文

1. the president and the people **around** him
　　　　　　　　　　　　　　　　　（彼を巡って）

　大統領と<u>彼を常時取り巻く側近の人</u>たち

2. I showed a friend **around** my town.
　　　　　　　　　　　　（私の住む町を巡って）

　私は友人を案内して<u>私の住む町をひと通り巡った</u>。

3. He is **around** the house.
　　　　　　　（自宅を巡って）

　彼は<u>自宅かその周囲にいる</u>はずだ。

　＊ He is **about** the house. ＝彼は自宅かその辺りだ。
　around は about よりも主体の「計画性」を含意します。

4. He talks **around** things.
　　　　　　　　（物事の周囲を巡って）

　彼は<u>物事を遠回しに</u>話す。

5. She tied red paper **around** the package.

　彼女は赤い包み紙を<u>その箱にぐるっと巻き</u>付けた。

7. *around* 練習問題

各カッコ内の「**基本イメージ**」を参考に、around を含む各例文を読み解き、それぞれ適切な日本語に訳してみましょう。

1. She measures 40 inches **around** the bust.
   （胸部を巡って）

2. The little girl flung her arms **around** me.
   （私を巡って）

3. Wrinkles usually appear first **around** the eyes.
   （両目の周囲を巡って）

4. We are seated **around** the boss in our office.
   （ボスを巡って）

5. Christmas is just **around** the corner.
   （そこの角を巡って）

6. There were toys lying all **around** the room.
   （その部屋を巡って）

7. around 練習問題参考訳

1. 彼女は<u>胸周りが</u> 40 インチある。

2. その幼い少女は両腕を<u>私の体**に巻き付けて**</u>しがみついた。

3. 皺(しわ)は先ず<u>目**の周囲に**</u>出るものだ。

4. 我々の事務机は<u>室長**を囲むように**</u>配置されている。

5. クリスマスはすぐそこの<u>曲がり角**に沿って廻った**</u>所に来ている。

6. おもちゃが<u>部屋（の床）**全体に**</u>放置されていた。

7. around 発展問題

各カッコ内の「**基本イメージ**」を参考に、around を含む各例文を読み解き、それぞれ適切な日本語に訳してみましょう。

1. She is a fun person to be **around**.
   （その周囲を<u>巡って</u>）

2. There seems no way of getting **around** the regulation for now.
   （その規則を<u>巡って</u>）

3. They established a college **around** Christian beliefs.
   （キリスト教信条を<u>巡って</u>）

4. I will write a biography **around** a person's letters and journals.
   （ある人物の手紙や日記を<u>巡って</u>）

5. The boy is always hanging **around** the drug store.
   （ドラッグストアを<u>巡って</u>）

6. We have no excuse for getting **around** the penalty fee.
   （罰金を<u>巡って</u>）

7. around 発展問題参考訳

1. 彼女は<u>**周りにいると**</u>楽しい人だ。

2. 今のところその規則を<u>上手く**回避する**</u>方法はなさそうだ。

3. 彼らはキリスト教信仰<u>**を中心理念として**</u>大学を設立した。

4. 私はある人物の手紙や日記<u>**を中心資料にして**</u>伝記を書くつもりだ。

5. その少年はいつもそのドラッグストア<u>**の周囲を**</u>ぶらついている。

6. その罰金を<u>上手く**回避する**</u>口実は我々には無い。

8. at

　前置詞 at はその（目的語が示す）**対象と直に向き合い、その
特質に関わる**ことを示します。次の例文１〜５で確認しましょ
う。

🎧 23

1. My wife is **at** the theater today.
　本日妻は劇場で観劇中です。

2. Nancy was surprised **at** the news.
　ナンシーはそのニュースを耳にし、その（ニュースの）内容
に驚いた。

3. I arrived **at** Tokyo.
　私は（目的地・乗り換え駅）東京（駅）を目の前にした。

4. He is good **at** football.
　彼はサッカーをやらせると上手い。

5. Please make yourself **at** home.
　どうぞご自宅にいるようにくつろいで下さい。

前頁を参考に、ここでは「に直に向き合って」を前置詞 at の「**基本イメージ**」として、**at** を含む各例文を読み解き、それぞれ適切な日本語に訳してみましょう。

基本例文

1. A drowning man will catch **at** a straw.
（1 本の藁**に直に向き合って**）
溺（おぼ）れる者は藁（わら）をも掴（つか）もうとする。（catch **at** 〜＝〜を目がけて掴もうとする）
（溺れかけている人は一本の藁**でも目の前にあれば**、縋（すが）りつく対象として掴みかかるものだ。）

2. The master shouted **at** his disciple.
（自分の弟子**に直に向き合って**）
親方は弟子**に向かって**大声を発し、（弟子の）非を咎（とが）めた。

3. He is a student [professor] **at** Harvard.
（ハーバード**に直に向き合って**）
彼はハーバード（**という学術及び教育機関**）に在籍し、学んで［**・教えて**］いる。

4. Tom only sees his parents **at** Christmas.
（クリスマス**に直に向き合って**）
トムが両親に会うのは共に**クリスマスを祝う時**だけだ。

8. *at* 練習問題

　各カッコ内の「**基本イメージ**」を参考に、**at** を含む各例文を読み解き、それぞれ適切な日本語に訳してみましょう。

1. They are now **at** ease.
（休息<u>に直に向き合って</u>）

2. He laughed **at** me.
（私<u>に直に向き合って</u>）

3. He didn't look **at** my proposal.
（私の提案<u>に直に向き合って</u>）

4. I think the storm is now **at** its worst.
（その最悪の状態<u>に直に向き合って</u>）

5. He stood **at** his mother's side.
（母の傍ら<u>に直に向き合って</u>）

6. He lives **at** 99 Gloucester Road.
（グロスター通り 99 番地<u>に直に向き合って</u>）

1. 彼らは今<u>休憩**をとって**寛<ruby>寛<rt>くつろ</rt></ruby>いで</u>います。

2. 彼は<u>私**に面と向かい**、私の非を</u>笑った。

3. 彼は<u>私の提案**に視線を向けて**、内容を検討する</u>ことはなかった。

4. 嵐は今が<u>最悪**の状態**で、荒れも最悪だ</u>と思います。

5. 彼は<u>母**に付き添い**、母**に気を配りながら**立っていた</u>。

6. 彼は<u>グロスター通り99（という**住所**）に居住して</u>暮らしています。

8. at 発展問題

　各カッコ内の「**基本イメージ**」を参考に、**at** を含む各例文を読み解き、それぞれ適切な日本語に訳してみましょう。

1. He doesn't know what he is **at**.
   （彼が<u>直に向き合って</u>いること）

2. **At** length the train arrived.
   （長時間<u>と直に向き合って</u>）

3. They received mistreatment **at** his hand.
   （彼の指図<u>と直に向き合って</u>）

4. The culprit is still **at** large.
   （広範囲<u>と直に向き合って</u>）

5. I won't talk **at** large.
   （広範囲<u>と直に向き合って</u>）

6. She is **at** her husband again.
   （夫<u>と直に向き合って</u>）

8. at 発展問題参考訳

1. 彼は**目下自分が取り組んでいることは何か**を解っていない。

2. <u>長々とかかってやっと</u>列車が到着した。

3. 彼らは<u>彼の指令で、彼の思うがままに</u>虐待を受けた。

4. 犯人は依然として<u>広い範囲を自由に動きまわっている</u>。
   ＊ large ＝度量的に大きいこと（名詞）

5. 私は<u>広範囲に目を向け取り留めなく</u>話すつもりはない。

6. 彼女はまた<u>亭主に向かって何か</u>せがんでいる。

9. before

　前置詞 before はその（目的語が示す）**対象の前に近寄ること**を示します。次の例文 1 ～ 5 で確認しましょう。

1. Tom says grace **before** eating.
　　トムは食事を始める前に感謝の祈りを捧げる。

2. The car accident happened **before** my eyes.
　　交通事故が私の目の前で起こった。

3. Kate had to speak **before** a large audience.
　　ケイトは多くの聴衆の前に出て話さなければならなかった。

4. The tree fell **before** the force of wind.
　　その木は風の勢いを受けて倒れた。

5. He saw his shadow advancing **before** him.
　　彼は自分の影が彼のすぐ前を進んで行くのを目にした。

　　＊「（位置的な）眼前」を意味する場合の **before**（例文 2、3）は、**in front of** に置き換えることができます。

前頁を参考に、ここでは「の前に近寄って」を前置詞 before の「**基本イメージ**」として、before を含む各例文を読み解き、それぞれ適切な日本語に訳してみましょう。

基本例文

1. Don't bow **before** authority.
   （権威**の前に近寄って**）
   権威**を前にしても**臆するな。

2. The question is **before** the committee.
   （委員会**の前に近寄って**）
   その問題は委員会の審査**を受けて**いる。

3. Our services are **before** you.
   （あなた**の前に近寄って**）
   私達はあなたの御用命**をいつでも受ける用意が出来て**います。
   ＊ **before** = in front of

4. My yearly income is six million yen **before** tax.
   （課税**の前に近寄って**）
   私の年収は課税**前では** 600 万円です。

5. We put our safety **before** everything else.
   （他の全て**の前に近寄って**）
   我々は身の安全を他の何よりも **優先**する。

9. *before* 練習問題

　各カッコ内の「**基本イメージ**」を参考に、before を含む各例文を読み解き、それぞれ適切な日本語に訳してみましょう。

1. Stand still when you are **before** the altar.
   （祭壇の前に近寄って）

2. Your report must be here **before** August 30th.
   （8 月 30 日の前に近寄って）

3. The hardest work was **before** them.
   （彼らの前に近寄って）

4. Put conscience **before** profits.
   （利益の前に近寄って）

5. They fled **before** the enemy.
   （敵の前に近寄って）

6. It's very comfortable to sail **before** the wind.
   （風の前に近寄って）

9. before 練習問題参考訳

1. 祭壇の前に立ったら静かにしているのよ。
   * **before** = in front of

2. レポートは8月30日になる前に提出しなさい。
   （8月30日は含まない）
   * **by** August 30th = 8月30日迄に（8月30日も含む）

3. 最も困難な仕事が彼らの目の前に迫っていた。
   * **before** = in front of

4. 良心を利益より優先させよ。

5. 敵の前に出ると彼らは逃げた。

6. 風を受けて帆走するのはとても快適だ。

9. *before* 発展問題

各カッコ内の「**基本イメージ**」を参考に、各英文を適切な日本語に訳してみましょう。

1. **Before** such a wild accusation, he was too
（そのような厳しい非難の前に近寄って）

   stunned to reply.

2. He had a twenty-minute ride **before** him.
（彼の前に近寄って）

3. I love my husband **before** anybody else.
（他の誰の前にも近寄って）

4. He was walking with his shadow advancing
before him.
（彼の前に近寄って）

5. My son would do anything **before** that.
（それの前に近寄って）

6. I will say the whole matter **before** the court.
（法廷の前に近寄って）

9. *before* 発展問題参考訳

1. <u>そのような激しい非難**を浴びせられて**</u>、彼は<ruby>茫然<rt>ぼうぜん</rt></ruby>として返答ができなかった。

2. 彼は<u>その**先**</u>まだ 20 分も車を走らせなければならなかった。
   * **before** = in front of

3. 私は<u>他の誰**よりも先んじて**</u>夫を愛します。

4. 彼は**目の前を**進む自分の影を<ruby>伴<rt>ともな</rt></ruby>って歩いた。
   * **before** = in front of

5. <u>私の息子はそんなこと**だけは**しないだろう。</u>［私の息子はそんなことをするくらいなら**その前に**何でもするだろう。］

6. 私は<u>法廷**の前に出て**</u>全てを話します。

10. behind

　前置詞 behind はその（目的語が示す）対象の背後に連なる状態を示します。次の例文１〜５で確認しましょう。

1. Don't be afraid, we are **behind** you.
   びくびくするな、我々が君の後ろに付いている。

2. The train is **behind** the time.
   列車は定刻に遅れている。

3. He works **behind** the shop counter.
   彼の職場は料金カウンターの後ろだ。

4. The pitcher is **behind** the batter.
   ピッチャーはバッターに対して不利な状況だ。

5. He left his stick **behind** him.
   彼はステッキを自分の背後に置き忘れた。

前頁を参考に、ここでは「**の背後に連なって**」を前置詞 behind の「**基本イメージ**」として、各例文を読み解き、それぞれ適切な日本語に和訳してみましょう。

基本例文

1. He left his country **behind** him.
   （彼の背後に連なって）
   彼は故郷を自分の<u>背後に</u>残して去った。

2. She closed the door **behind** her.
   （彼女の背後に連なって）
   彼女はドアを<u>後ろ手で</u>閉めた。
   ＊She closed the door **after** her. ＝彼女は部屋<u>に入った［を出た］</u>**後すぐに**ドアを閉めた。

3. She is **behind** her friends in her schoolwork.
   （友達の背後に連なって）
   彼女は学業では<u>友達</u>**に**<u>後れて</u>いる。

4. Don't speak ill of others **behind** their backs.
   （他人の背後に連なって）
   <u>陰に回って</u>他人の悪口を言うな。

5. All the troubles are **behind** us now.
   （我々の背後に連なって）
   今や厄介事（やっかいごと）は全て<u>我々</u>**には過去の**ものである。

10. behind 練習問題

　各カッコ内の「**基本イメージ**」を参考に、behind を含む各例文を
読み解き、それぞれ適切な日本語に訳してみましょう。

1. She left three children **behind** her.
   （彼女の<u>背後に連なって</u>）

2. A crowd of boys and girls marched **behind** the band.
   （楽隊の<u>背後に連なって</u>）

3. Tom was **behind** the wheel of a new car.
   （新車のハンドル<u>の背後に連なって</u>）

4. Malice lay **behind** her smile.
   （彼女の微笑み<u>の背後に連なって</u>）

5. We are two goals **behind** the other team.
   （相手チーム<u>の背後に連なって</u>）

6. She stayed **behind** me for a few days.
   （私<u>の背後に連なって</u>）

10. behind 練習問題参考訳

1. 彼女は<u>三人の子供たち</u>**を後に残して**世を去った。

2. 少年少女の群れが<u>楽隊**の後に続いて**</u>行進した。

3. トムが<u>新車のハンドル**を操作して**</u>いた。

4. 悪意が<u>彼女の微笑^{ほほえ}み**の裏に潜んで**</u>いた。

5. 我々は2ゴール<u>相手チーム**に後れを取って**</u>いる。

6. 彼女は<u>私**を見送った後も**</u>そこに残って2、3日滞在した。

10. behind 発展問題

　各カッコ内の「**基本イメージ**」を参考に、behind を含む各例文を読み解き、それぞれ適切な日本語に訳してみましょう。

1. Our success was much **behind** what I had hoped.
（私が期待したことの背後に連なって）

2. The pilot has ten years of flying **behind** him.
（彼の背後に連なって）

3. You had better get **behind** the leader.
（リーダーの背後に連なって）

4. We have some conditions **behind** inflation.
（インフレの背後に連なって）

5. He tried to put his unpleasant memories **behind** him.
（彼の背後に連なって）

6. They are one hundred percent **behind** him.
（彼の背後に連なって）

10. behind 発展問題参考訳

1. 我々の成功は大分私の当初の期待<u>**より後退して**</u>しまった。

2. その飛行士は、<u>**過去に**</u>10年の飛行歴がある。

3. 君達は<u>リーダー**を背後で支えなければ**</u>いけない。

4. <u>インフレが起こる**裏には**</u>いくつかの条件がある。

5. 彼は自分の不愉快な思い出を<u>**過去のものとして**</u>忘れようとした。

6. 彼らは全面的に<u>彼**を背後で支持して**</u>いる。

11. *below*

前置詞 below はその（目的語が示す）対象の位置より下方に
あることを示します。次の例文 1 〜 5 で確認しましょう。

1. There is a shop **below** our office.
   我々の事務所**の階下に**一軒の店がある。

2. The man has sunk **below** the beast.
   その男は<ruby>獣<rt>けもの</rt></ruby>**にも劣って**しまった。

3. The sun sank **below** the horizon.
   太陽は地［水］平線**の下に**沈んだ。

4. There is a house **below** the bridge.
   その橋**の下流に**一軒の家がある。

5. Such things are **below** attention.
   そんなことは注目**に値しない**程低級だ。

前頁を参考に、「の下方に」を前置詞 below の「**基本イメージ**」として、各例文を読み解き、それぞれ適切な日本語に訳してみましょう。

基本例文

1. Her mark in physics is **below** average.
　　　　　　　　　　　　　（平均**の下方に**）
　彼女の物理学の成績は平均**より低い**。

2. Books are scattered **below** the desk.
　　　　　　　　　　　　（机**の下方に**）
　机**の下の辺りに**書物が散らばっている。
　＊ **under** the table ＝ 机**が被^{かぶ}さる下に**

3. He is **below** the others in character.
　　　　　　　　　（その他の人達**の下方に**）
　彼は人格で他の仲間**に劣る**。

4. people **below** the age of fifty
　　　　　　　　（50 歳**の下方に**）
　50 歳**より年下**の人々
　＊ people **under** the age of twenty ＝ 20 歳という**基準を満たさない**人々

5. I am **below** him in running ability.
　　　　　　　（彼**の下方に**）
　僕は走力では彼**より劣る**。

11. below 練習問題

　各カッコ内の「**基本イメージ**」を参考に、**below** を含む各例文を読み解き、それぞれ適切な日本語に訳してみましょう。

1. You can write your name above or **below** the line.
（その線の下方に）

2. He is far **below** them in rank.
（彼らの下方に）

3. His car stopped a few meters **below** the post office.
（郵便局の下方に）

4. Mary's skirt reaches **below** the knees.
（彼女の両膝の下方に）

5　It is far **below** me to be an informer.
（私の下方に）

6. No woman dresses **below** herself.
（自分の下方に）

11. below 練習問題参考訳

1. 記名は<u>線の</u>上側でも**<u>下側でも</u>**かまいません。

2. 彼の地位はずっと<u>彼等</u>**<u>より下</u>**だ。

3. 彼の車は数メートルほど<u>郵便局**の手前で**［**の下流の方で**］</u>止まった。
   ＊**above** the post office なら、郵便局**を過ぎて**となります。
   ＊車窓の景色は手前に流れて来るので、進行方向が上流になります。

4. メアリーのスカートは<u>膝**より下まで**</u>来ている。

5. 密告者になるなんて、<u>私の志**より遥^{はる}かに低い**行為で到底できないことです</u>。

6. <u>自分の分際**より下の**</u>安っぽい身なりをする女性はいない。

11. below 発展問題

　各カッコ内の「**基本イメージ**」を参考に、below を含む各例文を読み解き、それぞれ適切な日本語に訳してみましょう。

1. He considered such an action **below** his notice.
（彼の注目<u>の下方に</u>）

2. The output is way **below** last year's level.
（昨年の水準<u>の下方に</u>）

3. He had a scar **below** his left eye.
（彼の左目<u>の下方に</u>）

4. He married a woman **below** his station.
（彼の身分<u>の下方に</u>）

5. The department is two teachers **below** strength.
（定員<u>の下方に</u>）

6. **below** zero
（零度<u>の下方に</u>）

11. below 発展問題参考訳

1. 彼はそのような行為は**下品で注目に値しない**と思った。

2. 生産高は遥かに昨年の水準**より下回って**いる。

3. 彼は<u>左目**の下**の辺り</u>に傷跡があった。
   * **under** his left eye ＝<u>左目の被さる下に</u>

4. 彼は<u>自分**より下層の**</u>女性と結婚した。

5. その学科は教員数が２名定員数**を下回って**いる。
   * **under** strength なら「<u>定員数の規定を満たしていない</u>」の意味になります。

6. 零下
   * **under** zero という言い方はありません。zero は「無」を意味し、「**上から圧して被さる**」を意味する、**under** の対象にはなりません。

12. between

前置詞 between はその（目的語が示す二者以上の）<u>対象の真ん中に割り込んだ状態</u>を示します。次の例文 1 ～ 5 で確認しましょう。

1. Orange is **between** <u>red and yellow</u>.
   オレンジ色は<u>赤と黄の中間</u>（の色）である。

2. The four old men were carrying a big stone **between** them.
   その四人の老人は大きな石を<u>**真ん中に囲い込んで**</u>運んでいた。

3. We will keep the matter **between** <u>the two of us</u>.
   その問題は<u>我々二人**の間に**</u>留めておこう。

4. Don't you see his house **between** <u>the trees</u>?
   <u>あの木々**の間に**</u>彼の家が見えませんか。

5. a peace agreement **between** <u>the three nations</u>
   その<u>三国**間の**</u>平和協定

前頁を参考に、ここでは「の間に」を between の「**基本イメージ**」として、between を含む各例文を読み解き、それぞれ適切な日本語に訳してみましょう。

基本例文

1. I have no preference **between** the two wines.
（その二種類のワイン**の間に**）
僕にはその二種類のワイン**の間で**好みの差はない。

2. He is now **between** jobs.
（在職**の間に**）
彼は目下**無職の**［在職**の狭間**<ruby>狭間<rt>はざま</rt></ruby>にいる］状態です。

3. The three sisters cooked their lunch
between them.
（彼らの間に）
三人の姉妹は自分達**の間で協力して**昼食を拵<ruby>拵<rt>こしら</rt></ruby>えた。

4. **Between** us, we drank three bottles of wine.
（我々**の間に**）
我々**で合わせて**［**で囲い込んで**］、ワインを三本飲んだ。

5. We shared the responsibilities **between** the
four of us.
（我々四人**の間に**）
我々は四人**の間で**諸々<ruby>諸々<rt>もろもろ</rt></ruby>の責任を分担した。

12. between 練習問題

　各カッコ内の「**基本イメージ**」を参考に、between を含む各例文を読み解き、それぞれ適切な日本語に訳してみましょう。

1. Let's share the responsibility **between** the three
（我々三人の間に）

　 of us.

2. **Between** the traffic and the dog's barking, he
（車の騒音と犬の鳴き声の間に）

　 couldn't get to sleep.

3. **Between** sewing, cleaning, and raising her
（縫物、掃除、そして育児の間に）

　 children, she was kept busy.

4. There is no similarity **between** the brothers.
（その兄弟の間に）

5. She can't tell the difference **between** fantasy and
　 reality.
（空想と現実の間に）

6. The Mediterranian lies **between** Africa, Europe
　 and Asia.
（アフリカ、ヨーロッパ、アジアの間に）

12. between 練習問題参考訳

1. その責任は我々3人（の間）で分担しよう。

2. 車の音や、犬の遠吠え<u>やらに気持ちが引き裂かれて</u>彼は眠れなかった。

3. <u>縫い物、掃除、そして育児**の間を行ったり来たりして**</u>彼女は休む暇もなかった。

4. <u>その兄弟**の間には**</u>似ているところがない。
   （the brothers は2人以上）

5. 彼女は<u>空想と現実**の間にある**</u>相違を識別できない。

6. 地中海は<u>アフリカ、ヨーロッパ、アジア**に囲まれている**</u>。

12. between 発展問題

　各カッコ内の「**基本イメージ**」を参考に、**between** を含む各例文
を読み解き、それぞれ適切な日本語に訳してみましょう。

1. **Between** them they raised more than 3,000
   （彼らの間に）

   dollards.

2. **Between** us we can finish the job in a couple of
   （我々の間に）

   hours.

3. **Between** volunteer nursing and practicing
   （篤志看護師と薬局の営業の間に）

   pharmacy, she wrote novels.

4. She sometimes makes a sound **between** a cough
   （咳とすすり泣きの間に）

   and a sob.

5. There is no need for ceremony **between** friends.
   （友人同士の間に）

6. We must choose **between** the humanities and
   （文系と理系の間に）

   sciences.

12. between 発展問題参考訳

1. <u>彼ら（の間）で合わせて</u> 3,000 ドルを調達した。

2. <u>我々（の間）で力を合わせれば</u>その仕事は 2、3 時間もあれば片付く。

3. 篤志看護師や薬局経営をしながら**その合間を縫って**彼女は小説を書いた。

4. 彼女は咳とすすり泣き**のどちらともつかぬ**声を出すことがある。

5. <u>友人同士**の間で**</u>堅苦しい作法は必要ない。

6. 私達は<u>文系と理系**の間で**</u>選択を迫られている。

13. beyond

　前置詞 beyond はその（目的語が示す）**対象の位置や程度を遥かに越えた状態**を示します。次の例文１〜５で確認しましょう。

🎧 38

1. His house is **beyond** the hill.
   彼の家はあの<u>丘</u>**を越えて更に向こうに**あります。
   ＊ My house is **over** the hill. ＝私の家はあの<u>丘</u>**を越えた所**です。

2. He has aged **beyond** his years.
   彼は<u>年齢</u>**よりずっと**老け込んでいる。

3. Don't attempt to do anything **beyond** your ability.
   自分の<u>能力</u>**を遥かに越えた**ことには手を出すな。

4. **Beyond** this point smoking is prohibited.
   <u>この地点</u>**を越えたら**禁煙です。

5. That's **beyond** a joke.
   それは<u>冗談の域</u>**を遥かに越えて**いる。

前頁を参考に、ここでは「を遥かに越えて」を前置詞beyond の「**基本イメージ**」として、beyond を含む各例文を読み解き、それぞれ適切な日本語に訳してみましょう。

基本例文

1. His conduct has been **beyond** reproach.
   （非難の余地を遥かに越えて）
   彼のこれまでの行動は非難**の余地のないもの**だった。

2. I'm thankful **beyond** words.
   （言語表現を遥かに越えて）
   感謝の気持ちは言葉では**とても表せません**。

3. He sometimes gets **beyond** himself.
   （彼自身を遥かに越えて）
   彼は時に普段の自身**を遥かに越えた力を**発揮する。

4. He went **beyond** himself with rage.
   （我を忘れて）
   彼は怒りのあまり、我を忘れてしまった。

5. Don't attempt to do anything **beyond** your ability.
   （君の能力を遥かに越えて）
   自分の能力で到底およばないことには手を出すな。

13. beyond 練習問題

　各カッコ内の「**基本イメージ**」を参考に、beyond を含む各例文を読み解き、それぞれ適切な日本語に訳してみましょう。

1. He went far **beyond** me in researches.
   （私を遥かに越えて）

2. They have always lived **beyond** their means.
   （彼らの財力を遥かに越えて）

3. **Beyond** his duties as a clergyman, he wrote
   （牧師としての任務を遥かに越えて）

   several novels.

4. The party will stay here **beyond** winter.
   （冬を遥かに越えて）

5. His job goes **beyond** just teaching.
   （単なる知識教育を遥かに越えて）

6. I hear there is a small town **beyond** the river.
   （あの川を遥かに越えて）

13. beyond 練習問題参考訳

1. 彼は研究では<u>私**を遥かに越えて**</u>しまった。

2. 彼らは<u>自らの財力**を遥かに越えた**</u>贅沢な暮らしをしてきた。

3. <u>牧師としての本来の任務**を果たした上に**</u>、彼はいくつかの小説を書いた。

4. あの一行は<u>冬**が過ぎても更にその先まで**</u>ここに留まるつもりだろう。

5. 彼の果たした仕事は単なる<u>知識教育**を遥かに越えて**</u>いる。

6. <u>あの川**のずっと向こうには**</u>小さな村があるそうです。

13. beyond 発展問題

　各カッコ内の「**基本イメージ**」を参考に、**beyond** を含む各例文を読み解き、それぞれ適切な日本語に訳してみましょう。

1. Don't stay **beyond** your welcome.
   （歓待を遥かに越えて）

2. The membership has ballooned **beyond** all
   （あらゆる予想を遥かに越えて）
   expectaions.

3. The price is **beyond** what I can pay.
   （私の支払い能力を遥かに超えて）

4. He could not pass a step **beyond** the self-drawn
   （自ら線を引いた枠を遥かに越えて）
   circle.

5. Many people want to work **beyond** their
   （退職年齢を遥かに越えて）
   retirement age.

6. Physics is always **beyond** Kate.
   （ケイトを遥かに越えて）

13. beyond 発展問題参考訳

1. 歓迎されても、**適度を越えて**居続けてはいけない。

2. 会員数はあらゆる期待**を遥かに上回って**膨れ上がった。

3. その価格は私の支払い能力**を大幅に上回って**いた。

4. 彼は自ら線を引いた枠**をはっきり越える**一歩を踏み出すことはできなかった。

5. 多くの人は定年**を過ぎてもまだまだ**仕事をしたいと思っている。

6. 物理学はいつもケイトの理解力**を遥かに越えて**いる。

14. by

前置詞 by はその（目的語が示す）**対象に「寄り付く」こと**を示します。次の例文1〜5で確認しましょう。

*「寄り付く」＝ 1. そば近くに寄る。近づく。寄り添う。2. 頼りにして近づく。身を寄せる。3. 物の怪などが乗り移り、取り付く。4. 物に取り縋る。つかまる。5. 似合う。調和する。

『精選版・日本国語大辞典』（小学館）

1. Kate looks very happy, sitting **by** her father.
   ケイトは父のそば**に寄り添って**座りとても楽しそうだ。

2. The boy was almost hit **by** a car.
   その少年はもう少しで車**に接触されて**はねられるところだった。

3. The acrobat was hanging **by** a rope in the air.
   その軽業師（かるわざし）は空中で1本のロープ**にすがりつき**、ぶら下がっていた。

4. We must do our duties **by** our parents.
   我々は両親**には寄り添って**、子としての義務を果たさなければならない。

5. She had a son **by** her former husband.
   彼女には前夫**に添った**時に産まれた一人の息子がいた。

前頁を参考に、ここでは「に寄り付いて」を前置詞 by の「基本イメージ」として、by を含む各例文を読み解き、それぞれ適切な日本語に訳してみましょう。

基本例文

1. Japan is surrounded **by** the sea.
   （海**に寄り付いて**）

   日本は周囲を海**に囲まれて**、海**との関係は濃い**。

   ＊surrounded **with** the sea なら、物理的に「海**に囲まれて**」。

2. Man shall not live **by** bread alone.
   （パンのみ**に寄り付いて**）

   人はパンのみ**に頼って**生きるべきではない。

3. I'll be here **by** next Sunday.
   （今度の日曜日**に寄り付いて**）

   今度の日曜日**は過ぎずに**ここに戻ります。

   ＊**before** next Sunday. ＝今度の日曜**が来る前に**

4. He entered the house **by** the back door.
   （裏口**に寄り付いて**）

   彼は裏口を（臨時に）**利用して**家に入った。

   ＊**at** the front door ＝（通常の入り口である）玄関**から**

5. We went up the river **by** boat.
   （船**に寄り付いて**）

   我々は船**を利用して**川を上った。

14. by 練習問題

各カッコ内の「**基本イメージ**」を参考に、by を含む各例文を読み解き、それぞれ適切な日本語に訳してみましょう。

1. This is a novel written **by** Tolstoy.
(トルストイに**寄り付かれて**)

2. We take the newspaper **by** the month.
(月単位に**寄り付いて**)

3. John lives **by** the sea.
(海に**寄り付いて**)

4. The window was broken **by** a stone.
(石ころに**寄り付かれて**)

5. We must work **by** the rules.
(就業規則に**寄り付いて**)

6. **By** my watch, it is five o'clock.
(私の時計に**寄り付いて**)

7. I missed the train **by** five minutes.
(5分に**寄り付いて**)

14. by 練習問題参考訳

1. これはトルストイ**によって**書かれた小説です。

2. 我が家は月単位**(を選ん)で**新聞を取っている。

3. ジョンは海**の近くを**好んで暮らしている。
   * **near** the sea なら単に「海**の近くに**」になります。

4. この窓は石ころ**が当たって**割られた。

5. ここでは就業規則**に沿って**仕事をしなければならない。

6. 私の時計を**頼りに**判断すれば今は5時だよ。

7. 僕は5分の差で[**という時間を余分に付加して**]列車に乗り
   遅れた。

14. by 発展問題

　各カッコ内の「**基本イメージ**」を参考に、by を含む各例文を読み解き、それぞれ適切な日本語に訳してみましょう。

1. It is all right **by** me.
   （私に寄り付いて）

2. He grabbed me **by** the hand.
   （私の手の部分に寄り付いて）

3. He works **by** night and sleeps **by** day.
   （夜に寄り付いて・・・昼に寄り付いて）

4. Put a calendar **by** the telephone.
   （電話機に寄り付いて）

5. Don't judge a person **by** appearances.
   （外見に寄り付いて）

6. We escaped **by** a hairbreadth.
   （一本の髪の毛に寄り付いて）

14. by 発展問題参考訳

1. それは私<u>に関しては</u>好都合です。

2. 彼は<u>私の手の部分を（選び）</u>つかんで私を逮捕した。

3. 彼は仕事を夜<ruby>に当て<rt>あ</rt></ruby>、睡眠を昼<ruby>に当てて<rt>あ</rt></ruby>生活している。

4. カレンダーは<u>（便利が良いように<ruby>殊更<rt>ことさら</rt></ruby>）</u>電話機<u>に寄せて</u>置いて頂戴。

5. 人を<u>**殊更**外見<u>に頼って</u></u>判断してはいけない。

6. 我々は間一髪の差で［という差が付いて］、難を<ruby>免れた<rt>まぬが</rt></ruby>。

14. by 追加発展問題 🎧44

　各カッコ内の「**基本イメージ**」を参考に、**by** を含む各例文を読み解き、それぞれ適切な日本語に訳してみましょう。

1. He went **by me** without saying a single word.
   （私に寄り付いて）

2. I swear **by God** that I will speak the truth.
   （神に寄り付いて）

3. The emperor commanded both **by sea and land**.
   （海陸双方に寄り付いて）

4. north **by east**
   （東に寄り付いて）

5. Learn this poem **by heart**.
   （感性に寄り付いて）

6. The number of the committee members should be cut **by half**.
   （半数に寄り付いて）

14. by 追加発展問題参考訳

1. 彼は私の**近くを意識しつつ**、無言で通り過ぎた。

2. 私は（真実を見通す）神**の傍らに寄って**真実を語ることを誓います。

3. その皇帝は海陸双方**に関心を向けて**支配した。

4. 北微東（＝東に（心を寄せるように）**少し傾いた**北）
   ＊北微東＝90度の8分の1だけ東に傾いた北

5. この詩を**そらで**［（頭で考えずに）感覚**に頼って**］言えるようにしなさい。

6. この会の委員の人数は今の半数**にあわせる**べきだ。

15. *for*

前置詞 for はその（目的語が示す）対象との適合を示します。
次の例文 1 〜 5 で確認しましょう。

1. The knife is **for** carving meat.
   この包丁は肉を切ることに向いて［に適って］いる。

2. Our team played **for** the championship.
   我々のチームは優勝を目指して［を適えようと］試合をした。

3. I have Tom **for** a friend.
   僕には友人に相応しい［（の条件）に適っている］トムがいる。

4. We went to the restaurant **for** a meal.
   我々は食事をしようと［を適えようと］レストランへ行った。

5. I'm not **for** adopting the plan.
   私（の意見）はその計画の採用に賛成［に適合］しない。

前頁を参考に、ここでは「を適える」を、前置詞 for の「基本イメージ」として for を含む例文を読み解き、それぞれ適切な日本語に訳してみましょう。

基本例文

1. There is no accounting **for** tastes.
（様々な味覚を適える）
人々の様々な嗜好**を適切に**説明するのは不可能だ。
［蓼食う虫も好き好き。］

2. The meeting was arranged **for** three o'clock.
（3時を適えるべき）
その会議は 3 時（開始）**を目標に**設定された。

3. He is working hard **for** a living.
（生活費を適える）
彼は生活費を得ようと苦労している。

4. The plain stretches **for** miles.
（数マイルを適える）
この平原の広がりは数マイルに**相当する**。

5. What's the Japanese **for** 'Hello'?
（「ハロー」を適える）
（英語の）「ハロー」**に相当する**日本語は何でしょう。

6. Here's a letter **for** you.
（あなたを適えるべき）
あなた**宛ての**［を到達目標とする］手紙が来ています。

＊a train **for** Sapporo ＝札幌まで行ける［を（最終）到達目標とする］列車　a train **to** Sapporo ＝札幌に停車する［に及び連なる］列車

各カッコ内の「**基本イメージ**」を参考に、**by** を含む各例文を読み解き、それぞれ適切な日本語に訳してみましょう。

1. I won't do it **for** the world.
   （世界を適える）

2. The scenery was too beautiful **for** words.
   （言葉を適える）

3. I'm dying **for** a cold drink.
   （冷たい飲み物を適える）

4. The state of things cries **for** reform.
   （改革を適えようとする）

5. We have known each other **for** forty years.
   （40 年を適える）

6. Here is some money **for** us to spend.
   （我々が遣うことを適える）

15. *for* 練習問題参考訳

1. 私はたとえ世界**を手に入れ**[を適え]**ようとも**そのようなことはしない。

2. その景色は、**適切な言葉を見出すには**美しすぎる。

3. 死ぬ程に、冷たい飲み物が**欲しい**[を適えたい]。

4. 現状は改革**の実現を求める**[を適えようとする]叫びが行き交っている。

5. 我々の付き合いは40年という年月**になる**[に適合する]。

6. ここに私達が**遣うことができる**[が遣うに適う]いくばくかの金がある。

15. *for* 発展問題

　各カッコ内の「**基本イメージ**」を参考に、for を含む各例文を読み解き、それぞれ適切な日本語に訳してみましょう。

1. The kids pressed all the doorbells **for** fun.
   （面白いこと<u>を適える</u>）

2. The company sent us a check **for** $ 500.
   （500 ドル<u>を適える</u>）

3. If it had not been **for** your help, I could not have
   （あなたの援助<u>を適える</u>）

   succeeded.

4. The cigarettes are a dollar **for** twenty.
   （20 本<u>を適える</u>）

5. It is not **for** judges to invent new laws.
   （裁判官<u>を適える</u>）

6. Table **for** two, please.
   （2 人<u>を適える</u>）

15. *for* 発展問題参考訳

1. 子供たちは<u>面白いことをしようと</u>[を適えようと]、そこら中の家の玄関ベルを押した。

2. 会社は我々に**額面 500 ドルの**[現金 500 ドルに相当する]小切手を送ってきた。

3. あの時もしあなたの援助**を得る**[を適える]ことができなかったら、私は成功できなかったでしょう。

4. このタバコは 20 本入り<u>で</u>[を適える代金は]1 ドルです。

5. 新しい法律を作ることは裁判官**に向けられた**[が為すべき]<u>仕事</u>ではない。

6. <u>2 人**用の**</u>[客 2 名に適合する]テーブルをお願いします。

各カッコ内の「**基本イメージ**」を参考に、for を含む各例文を読み解き、それぞれ適切な日本語に訳してみましょう。

1. I have no wish **for** fame or position.
（名声や地位を適える）

2. **For** all his riches, he is not at all happy.
（多くの富を適える）

3. He has an eye **for** beauty.
（美を適える）

4. I did everything **for** myself while my family were
（私自身を適える）

away.

5. You can have the apples **for** the asking.
（あなたのその要求を適える）

6. I don't want to be taken **for** a fool.
（馬鹿者を適える）

7. You might as well stop giving advice **for** all the
（見た目あの程度の効果を適える）

good it seems to do.

15. *for* 追加発展問題参考訳

1. 私は<u>名声や地位**を獲得しようとする**</u>願望はない。

2. 彼は<u>あれ程の富**に見合う程には**</u>幸福ではない。

3. 彼には<u>美**を相応に**</u>見分ける眼がある。

4. 家族が留守の間、私は<u>自分**なりに**［自分**に適合させて**］</u>何でもしました。

5. りんごはそちらの<u>お望み**に応じて**</u>差し上げますよ。

6. 私は<u>馬鹿**も同然とは**［馬鹿**に相当するとは**］</u>思われたくない。

7. どうやらあの程度の効果しか**実現する**［**適える**］</u>ことが<u>できないなら</u>、忠告などは止めた方がいい。

16. from

前置詞 from はその（目的語が示す）対象を発出や離脱の起点・基点として示します。次の例文１〜５で確認しましょう。

1. The word comes **from** Latin.
   その単語はラテン語**から発して**今に至っている。

2. Choose a tie **from** those.
   そこにあるネクタイ**から**１本を選びなさい。

3. Cyder is made **from** apples.
   リンゴ酒はリンゴ**を原料[を基]にして**造られる。

4. Our town is three miles **from** the coast.
   我々の町は３マイル海岸**から離れて**いる。

5. He acted **from** a sense of duty.
   彼は義務感**から（発して）**行動した。

前頁を参考に、ここでは「から発して」を前置詞 from の「基本イメージ」として from を含む例文を読み解き、それぞれ適切な日本語に訳してみましょう。

基本例文

1. Take the candy away **from** the baby.
   （赤ん坊**から発して**）
   飴^{あめ}を赤ん坊**から**離して取り上げなさい。

2. He is **from** Kyushu.
   （九州**から発して**）
   a. 彼は九州**の生まれ**です。
   b. 彼は目下九州**から**来訪しています。

3. **From** what I heard of him, he got married.
   （彼について私が聞いた噂**を基点にして**）
   彼についての噂**を基に**想像すると、彼は結婚したよ。

4. I ordered some books (to be sent) **from** the bookstore.
   （その本屋**から発して**）
   私は数冊の本をその本屋**から**［**を基点に**］取り寄せる注文をした。

5. The heavy rain kept them **from** starting.
   （出発**から発して**）
   激しい雨で彼らは出発**できない**［出発**から離された**］状態に置かれた。

16. *from* 練習問題

カッコ内の「**基本イメージ**」を参考に、from を含む各例文を読み解き、それぞれ適切な日本語に訳してみましょう。

1. I know him **from** seeing him in the club.
   （彼と会ったこと<u>から発して</u>）

2. This medicine gives you relief **from** headache.
   （頭痛<u>から発して</u>）

3. The work is free **from** danger.
   （危険<u>から発して</u>）

4. **From** staring at the ceiling, I fell asleep.
   （天井を見つめること<u>から発して</u>）

5. They acted out some scenes **from** *Hamlet*.
   （『ハムレット』<u>から発して</u>）

6. The exam continued for three hours **from** ten
   （10 時<u>から発して</u>）

   o'clock.

16. *from* 練習問題参考訳

1. 私はそのクラブで彼と面識を得たこと**をきっかけに**彼とは知り合いである。

2. この薬で頭痛**から**解放されます。

3. その仕事は危険**とは**無縁です［危険**からは**解放されています］。

4. **始めは**天井を見つめていたのだが、それ**から**やがて眠りに落ちてしまった。

5. 彼らは『ハムレット』**から抜き出した**場面をいくつか演じた。

6. その試験は 10 時**から**（**始まって**）3 時間続いた。

16. from　発展問題

　各カッコ内の「**基本イメージ**」を参考に、from を含む各例文を読み解き、それぞれ適切な日本語に訳してみましょう。

1. He doesn't know black **from** white.
   （白色から発して）

2. I saved myself **from** falling down the stairs.
   （階段を落ちることから発して）

3. The plan is not advisable **from** the point of view.
   （その見地から発して）

4. He is nervous and irritable **from** lack of sleep.
   （睡眠不足から発して）

5. Eliminate unnecessary words **from** the sentence.
   （この文から発して）

6. Some flowers grow **from** seeds, and some grow
   （タネから発して…
   from bulbs.
   …球根から発して）

16. from 発展問題参考訳

1. 彼は黒を白と[から分けて]区別できない。

2. 私は階段を落ちることから免れた[自分を救った]。

3. その視点から[を基点として]検討してみれば、その計画は良くない。

4. 彼は睡眠不足が発端で、神経過敏になり、苛立っている。

5. 不要な語をこの文章から削除しなさい。

6. 種から（発して）育つ花もあれば、球根から（発して）育つものもある。

17. in

前置詞 in はその（目的語が示す）対象を一定の「枠<ruby>枠<rt>わく</rt></ruby>」として、その枠の中に包み込み、ぴったり収めた［収まった］状態を示します。次の例文1～5で確認しましょう。 🎧52

1. She was buried **in** her wedding dress.
   彼女は自分の結婚衣装に**ぴったり収まって**埋葬された。

2. It happens once **in** a lifetime.
   そういうことは一生の間では［一生という**枠にぴったり収まって**］一度は起こるものだ。

3. We fight **in** our own defense.
   我々は自衛という**枠を一歩も出ずに**戦う。

4. **In** Hokkaido, it is very cold **in** winter.
   北海道**ならどこでも**、冬**ならいつでも**とても寒い。

5. I have faith **in** him.
   僕は彼の全てを信じています［私の信頼は彼**という枠にすっぽり包まれています**］。

前頁を参考に、ここでは「(という枠) にぴったり収まって」を前置詞 in の「**基本イメージ**」として、in を含む各例文を読み解き、それぞれ適切な日本語に訳してみましょう。

基本例文

1. I believe **in** God. = I have faith **in** God.
   （神にぴったり収まって）
   私は神なら**全てにわたって**信じている。

2. The work can be finished **in** a month.
   （一ケ月にぴったり収まって）
   この仕事は一ケ月**で**[**に収めて**]仕上げられる。

3. Look at the gentleman **in** spectacles.
   （眼鏡にぴったり収まって）
   眼鏡を (**きっちり**) 掛けているあの紳士を見てごらん。
   ＊a man **in** slippers ＝スリッパを (**きっちり**) 履いている人

4. There are thirty-one days **in** August.
   （8月にぴったり収まって）
   八月**は全部で** 31 日ある。

5. The sun rises **in** the east, and sets **in** the west.
   （東にぴったり収まって・・・西にぴったり収まって）
   太陽は東 (**の範囲**) に昇り、西 (**の範囲**) に沈む。

17. in 練習問題

53

各カッコ内の「**基本イメージ**」を参考に、in を含む各例文を読み解き、それぞれ適切な日本語に訳してみましょう。

1. Write **in** capitals.

（大文字にぴったり収まって）

2. You should be careful **in** crossing the road.

（道路を横断中にぴったり収まって）

3. They went around the world **in** 80 days.

（80 日にぴったり収まって）

4. It is not **in** me to lie.

（私にぴったり収まって）

5. The rain is coming down **in** torrents.

（滝の形にぴったり収まって）

6. We have a fine leader **in** him.

（彼という人物にぴったり収まって）

17. in 練習問題参考訳

1. <u>大文字だけで</u>書きなさい。

2. <u>道路を横断**している**間はずっと注意していなさい。</u>

3. 彼らは<u>80日で</u>世界を一周した。

4. 嘘をつくなんて<u>私**に限って**</u>ありません。

5. 雨が<u>滝**のように**</u>降っている。

6. 我々には<u>彼**という**</u>立派な指導者がいる。

17. *in* 発展問題

　各カッコ内の「**基本イメージ**」を参考に、in を含む各例文を読み解き、それぞれ適切な日本語に訳してみましょう。

1. What business are you **in**?
 (どのような仕事に**ぴったり収まって**)

2. We spent our time **in** playing games.
 (ゲームをすることに**ぴったり収まって**)

3. I learned French **in** six months.
 (6 か月に**ぴったり収まって**)

4. We have every confidence **in** their ability.
 (彼らの能力に**ぴったり収まって**)

5. Only if one believes **in** something, can one act
 (或るものに**ぴったり収まって**)

 purposefully.

6. **In** this way you can get rid of the dirty marks.
 (この方法に**ぴったり収まって**)

17. in 発展問題参考訳

1. どのようなお仕事<u>に就いて</u>[<u>に専従して</u>]おられますか。

2. 我々は<u>ゲームばかりして</u>時間を過ごした。

3. 私は<u>6か月で</u>フランス語を修得した。

4. 彼らの能力<u>なら全面的に</u>信頼している。

5. 人は<u>或るものを全面的に</u>信じてこそ、その目標に向かって
   しっかりと行動できる。

6. <u>この方法の通りに</u>行えば、その染みは除去できます。

18. into

　前置詞 into はその（目的語が示す）対象の枠内に入り込み、ひとまず留まった状態を示します。次の例文 1 〜 5 で確認しましょう。

🎧 55

1. He got **into** a bad habit.
　 彼は悪い習慣**に陥って**しまった。

2. An idea has just come **into** my mind.
　 ある考えがたった今私の頭の**中に**浮かんで来た。

3. The boy was looking silently **into** the sky.
　 その少年は無言で大空**に見入って**いた。

4. She is very much **into** jazz.
　 彼女は大いにジャズ**にはまって**いる。

5. It is not easy to translate English **into** Japanese.
　 英語を翻訳して日本語**の枠にはめ込む**のは容易ではない。

前頁を参考に、ここでは「に入り込んで」を前置詞 into の「基本イメージ」として、into を含む各例文を読み解き、それぞれ適切な日本語に訳してみましょう。

基本例文

1. We got **into** difficulties.
（様々な困難に入り込んで）
我々は様々な困難に陥った。

2. He is well **into** his forties.
（40 代に入り込んで）
彼は十分 40 代に入っているよ。

3. I must beat some sense **into** him.
（彼に入り込んで）
いささかの分別をあいつの中に叩き込んでやらねばならない。

4. The police began to inquire **into** the matter.
（その事件に入り込んで）
警察はその事件に腰を据えて調べ始めた。

5. He bit **into** the apple.
（そのリンゴに入り込んで）
彼はがぶりとそのリンゴに歯を食い込ませた。

6. Our teacher has an insight **into** our character.
（我々の性格に入り込んで）
私達の先生は生徒の個性に分け入って個々の性格を見抜く力を持っている。

18. *into* 練習問題

各カッコ内の「**基本イメージ**」を参考に、into を含む各例文を読み解き、それぞれ適切な日本語に訳してみましょう。

1. The sleet turned **into** snow.
   （雪に入り込んで）

2. He didn't go **into** details.
   （細部に入り込んで）

3. She divided the cake **into** three pieces.
   （3つの状態に入り込んで）

4. The information was fed **into** a computer.
   （コンピュータに入り込んで）

5. I persuaded her **into** going shopping.
   （買い物に行くことに入り込んで）

6. We have entered **into** a five-year contract.
   （5年契約に入り込んで）

18. into 練習問題参考訳

1. みぞれが雪になった［の状態に入り込んだ］。

2. 彼は細部にまで立ち入って話をすることはなかった。

3. 彼女はそのケーキを 3 つに［の状態にきっちり入り込ませるように］分けた。

4. その情報はコンピュータに入力された。

5. 私は彼女を説得して買い物に行かせた。

6. 我々は 5 年契約に正式に加入することになった。

18. *into* 発展問題

　各カッコ内の「**基本イメージ**]」を参考に、into を含む各例文を読み解き、それぞれ適切な日本語に訳してみましょう。

1. I'm **into** him for ten dollars.
   （彼に入り込んで）

2. You should enter **into** the feelings of another.
   （他人の気持に入り込んで）

3. We haven't yet really accepted her **into** the family.
   （家族に入り込んで）

4. You can let her **into** the secret.
   （この秘密に入り込んで）

5. What started as a cold has developed
   into pneumonia.
   （肺炎に入り込んで）

6. The sad song drove her **into** tears.
   （涙に入り込んで）

18. into 発展問題参考訳

1. 僕は 10 ドルを<u>彼に借りて</u>いる［僕は 10 ドル分、<u>彼の枠内</u>
   <u>に留められて</u>いる］。

2. 君は<u>他人の諸々の感情の内に</u>分け入るべきだ。

3. 私達はまだ彼女を<u>家族の一員として受け入れては</u>いない。

4. 彼女を<u>この秘密に引き入れても</u>いいよ。

5. 始めは風邪だったのに、悪化して<u>肺炎にまで陥った</u>。

6. その悲しい歌を聴いて彼女は<u>泣き崩れてしまった</u>。

19. of

前置詞 of は、その（目的語が示す）対象との密接な繋がりを示します。次の例文 1 〜 5 で確認しましょう。

1. He was born **of** poor parents.
   彼は貧しい両親**の子として**生まれた。

2. Three **of** us missed the train.
   我々**と**同行する仲間**の** 3 人が予定の列車に乗り遅れた。

3. My jacket is made **of** leather.
   僕のジャケットは革**そのもので**出来ています。

4. Can I ask a favor **of** you?
   あなた**に折り入って**ひとつお願いがあるのですが。

5. I think he is **of** Kyushu.
   彼は九州**の生まれ**で、その地の気質**を受け継いで**いると思う。

前頁を参考にして、ここでは「と繋がり合って」を前置詞 of の「**基本イメージ**」として、**of** を含む各例文を読み解き、それぞれ適切な日本語に訳してみましょう。

基本例文

1. Adversities will make a jewel **of** you.
   　　　　　　　　　　　　　　　（汝と繋がり合って）
   艱難（かんなん）は汝（なんじ）そのものを宝玉（ほうぎょく）に仕立てる。

2. He robbed me **of** my money.
   　　　　　（私の金と繋がり合って）
   　彼は私が所持する（私の）金を強奪（ごうだつ）した。

3. I have the idea **of** getting up early tomorrow.
   　　　　　　　　　　（早起きと繋がり合って）
   私は、明日は早起きしようという考えがある。

4. He is a man **of** his word.
   　　　　　　　（彼の約束と繋がり合って）
   彼は約束を守る男だ。

5. She did so **of** her own free will.
   　　　　　　　　（自分の自由意志と繋がり合って）
   彼女は自分の自由意志の通りにそうした。

6. The arrow fell short **of** the mark.
   　　　　　　　　　　（的と繋がり合って）
   矢は的（まと）（に繋がる）には距離が足らずに途中で落ちた。

各カッコ内の「**基本イメージ**」を参考に、of を含む各例文を読み解き、それぞれ適切な日本語に訳してみましょう。

1. I'm dying **of** fatigue.
   （疲れ**と繋がり合って**）

2. They cleared the pavement **of** snow.
   （雪**と繋がり合って**）

3. This book is **of** great interest.
   （興味深さ**と繋がり合って**）

4. I won't ask nothing **of** you.
   （あなた**と繋がり合って**）

5. It was kind **of** you to do so.
   （あなた**と繋がり合って**）

6. You are free **of** responsibility in this case.
   （責任**と繋がり合って**）

19. of 練習問題参考訳

1. 私は疲れ切って今にも死にそうだ。
   * He died **from** fatigue. ＝彼は疲労が発端で（その後体調を崩して）死んだ。
2. 彼らは歩道に積もった雪を除き清掃した。

3. この本は興味深い内容を備えている。

4. 今後は君に折り入って頼むことはしないつもりだ。

5. そうして頂けたのは、あなたに備わる親切心のおかげです。

6. この場合はあなたは責任（との繋がり合い）を免れます。
   * You are free **from** danger in this work. ＝この仕事では、あなたは危険とは（始めから）無縁です。
   free **of** 〜＝〜との（本来あるはずの）繋がりを免れる
   * free **of** 〜には、「自由に〜に関われる［自由に〜と繋がり合う］」の意味もあります。
   He is free **of** the library. ＝彼は自由にその図書館に出入りできる。

各カッコ内の「**基本イメージ**」を参考に、of を含む各例文を読み
解き、それぞれ適切な日本語に訳してみましょう。

1. I play golf **of** a Sunday.
（いずれかの日曜日<u>と繋がり合って</u>）

2. She went there **of** necessity.
（必要<u>と繋がり合って</u>）

3. He lives in <u>a castle</u> **of** a house.
（一軒の家<u>と繋がり合って</u>）

4. He has something **of** the artist in him.
（芸術家の資質<u>と繋がり合って</u>）

5. Out **of** debt, out **of** danger.
（借金<u>と繋がり合って</u>・・・危険<u>と繋がり合って</u>）

6. Don't expect too much **of** him.
（彼<u>と繋がり合って</u>）

1. 私がゴルフをするなら、<u>いずれかの日曜日</u>**になる**。
   ＊He plays golf **on** Sundays. ＝彼は通常<u>日曜日</u>**には**ゴルフを
   する。

2. 彼女は<u>必要**に応じて**</u>そこへ行った。

3. 彼は<u>城**ともいえる**家</u>に住んでいる。

4. 彼には<u>芸術家の資質**に繋がる**</u>何かがある。

5. <u>借金**（との繋がり）を**</u>脱すれば、<u>危険**（との繋がり）を**</u>免れる。

6. <u>彼**そのものに**</u>期待しすぎるな。

20. on

前置詞 on はその（目的語が示す）**対象に「取り付く」状態**を示します。次の例文１～５で確認しましょう。

＊「取り付く」＝「しがみつく」、「すがりつく」、「とりすがる」、「相手を倒そうとして組み付く」他。

『精選版・日本国語大辞典』（小学館）

1. Ice floats **on** water.
   氷は<u>水面</u>に取り付くように浮かぶ。

2. Tom is still dependent **on** his father.
   トムは相変わらず<u>父親</u>に縋^{すが}り頼っている。

3. Let's play a joke **on** him.
   <u>彼</u>に当て付けて冗談を言ってやろう。

4. They work **on** the farm.
   彼らの生業は<u>農場</u>を基盤にしている。

5. He is now keen **on** swimming.
   彼は目下<u>水泳</u>に打込んでいる。

前頁を参考に、ここでは「**に取り付いて**」を前置詞 **on** の「**基本イメージ**」として、**on** を含む各例文を読み解き、それぞれ適切な日本語に訳してみましょう。

基本例文

1. You'll find the answer **on** page 20.
   （20 ページに取り付いて）
   その答えは 20 ページに記載されています。

2. The house is now **on** fire.
   （火に取り付いて）
   その家は今、炎上しています。

3. He spoke **on** international affairs.
   （国際問題に取り付いて）
   彼は国際問題に密着して語った。

4. That suit is very good **on** you.
   （君に取り付いて）
   その服は君に着せるとよく似合う。

5. He spends much money **on** books.
   （書物に取り付いて）
   彼は多額の金を書物に専ら費やす。

6. The cold of winter told **on** the old person.
   （その老人に取り付いて）
   冬の寒さはその老人の体に沁みて辛いものだった。

20. on 練習問題

　各カッコ内の「**基本イメージ**」を参考に、on を含む各例文を読み解き、それぞれ適切な日本語に訳してみましょう。

1. Kate sometimes cuts her finger **on** a kitchen
（包丁に取り付いて）

   knife.

2. The professor is an authority **on** mechanical
（機械工学に取り付いて）

   engineering.

3. The old person lived alone **on** his old-age pension.
（老齢年金に取り付いて）

4. He finally began to work **on** his homework.
（宿題に取り付いて）

5. Do you have a match **on** you?
（あなたに取り付いて）

6. Fortune smiled **on** us.
（我々に取り付いて）

20. on 練習問題参考訳

1. ケイトは時々指が包丁の刃**に当たって**切り傷を創^{つく}る。

2. その教授は機械工学**を専門とする**権威^{けんい}である。

3. その老人は老齢年金**に頼って**ひとりで暮らしていた。

4. 彼はようやく宿題**に気持ちを集中して**勉強を始めた。

5. マッチを（あなたの身**に付けて**）所持しておられますか。

6. 幸運の女神の微笑みが我々**の上に注**^{そそ}**いだ**。

20. on 発展問題

　各カッコ内の「**基本イメージ**」を参考に、on を含む各例文を読み解き、それぞれ適切な日本語に訳してみましょう。

1. The pickpocket crept up **on** an old woman.
   （ひとりの老女**に取り付いて**）

2. The riot police kept the crowd from marching
   on City Hall.
   （市役所**に取り付いて**）

3. There are some kids playing **on** the swings in
   （ブランコ**に取り付いて**）

   the park.

4. The festival is held **on** the evening of the fifth of
   （5月5日の夕刻**に取り付いて**）

   May every year.

5. Suddenly all the lights in the room went out
   on us.
   （我々**に取り付いて**）

6. Tell me what's **on** your mind.
   （君の意識**に取り付いて**）

1. そのスリはひとりの老女<u>に狙いを定めて</u>忍び寄った。

2. 機動隊は群衆が<u>市役所に圧力をかけようと</u>行進するのを阻<ruby>ば<rt>はば</rt></ruby>んだ。

3. 公園の<u>ブランコに乗って</u>遊んでいる子供たちがいた。

4. 祭りは毎年、<u>5月5日の<ruby>宵<rt>よい</rt></ruby>にぴったり合わせて</u><ruby>催<rt>もよお</rt></ruby>される。

5. 突然部屋の照明が消え、その状況が<u>我々に<ruby>纏<rt>まと</rt></ruby>わり付いた</u>。

6. 何か<u>気に掛かる</u>ことがあるのなら言ってごらん。

21. over

　前置詞 over はその（目的語が示す）対象に「覆い被さる」状態を示します。次の例文１〜５で確認しましょう。

＊「覆い被さる」＝ 1. 物を包むように上やまわりに広がる。2. 責任、負担、重圧などがかかる。　　　　　『精選版・日本国語大辞典』（小学館）

1. Will you spread a cloth **over** the table.
テーブルクロスをひろげて、テーブル**に覆い被せて**くれませんか。

2. The cliff projects **over** the sea.
断崖が海**に覆い被さるように**突き出ている。

3. A drowsy feeling came **over** me.
睡魔が私の体**に覆い被さるように**やって来た。

4. There was a great bridge **over** the river.
立派な橋がその川**を跨いで架かって**いた。

5. She put her hands **over** her face.
彼女は両手を当てて自分の顔**を覆った**。

前頁を参考に、ここでは、「に覆い被さるように」を、前置詞 over の「**基本イメージ**」として、over を含む各例文を読み解き、それぞれ適切な日本語に訳してみましょう。

基本例文

1. We see our neighbors **over** the way.
　　　　　　　　　　　　　　　（道路**に覆い被さるように**）
　<u>道路を跨いだ視線の先に</u>隣人達が見える。

2. We could hear their voices **over** the rain.
　　　　　　　　　　　　　　　（雨音**に覆い被さるように**）
　<u>雨音を圧する</u>彼らの声が聞こえた。

3. The lamp hung **over** the table.
　　　　　　　　　　　　　（テーブル**に覆い被さるように**）
　<u>吊</u>り下がったランプの明かりが<u>食卓の上を隅々まで照らして</u>いた。

4. He is not **over** the worst yet.
　　　　　　　　　　　（最悪の状態**に覆い被さるように**）
　彼はまだ<u>最悪の状態を越えては</u>いない。

5. Can I stay here **over** Sunday?
　　　　　　　　　　　（日曜日**に覆い被さるように**）
　<u>日曜日の翌朝まで</u>ここに滞在できますか。

21. over 練習問題

　各カッコ内の「**基本イメージ**」を参考に、over を含む各例文を読み解き、それぞれ適切な日本語に訳してみましょう。

1. Let us talk **over** the matter.
  （その問題に覆い被さるように）

2. We discussed the matter **over** a cheerful glass.
  （楽しいお酒に覆い被さるように）

3. I have a free pass **over** a special bus route.
  （特定のバス路線に覆い被さるように）

4. It is no use crying **over** spilt milk.
  （こぼしたミルクに覆い被さるように）

5. You should go **over** the contract before signing it.
  （契約書に覆い被さるように）

6. We heard the news **over** the radio.
  （ラジオ回線に覆い被さるように）

21. over 練習問題参考訳

1. 我々はその問題に（**上から被さるように**）**額を寄せて**話し合おう。

2. 我々は酒杯**に身を傾けながら**活発にその問題を論じた。

3. 僕は特定ルート**なら端から端まで**無料のバス乗車券を持っている。

4. こぼしたミルク**に覆い被さるように**俯^{うつむ}いて泣いても無駄だ。（覆水盆に返らず。）

5. 署名をする前に契約書類**の全体をくまなく**読んでおく方がいいよ。

6. 我々はそのニュースをラジオ（**回線を跨い**）で聴いた。
   * **on** the radio なら、「（受信機としての）ラジオ**にぴったり耳を寄せて**」

各カッコ内の「**基本イメージ**」を参考に、over を含む各例文を読み解き、それぞれ適切な日本語に訳してみましょう。

1. The doctor leaned **over** the body.
   （死体に覆い被さるように）

2. We cannot look **over** such a mistake.
   （そのような過ちに覆い被さるように）

3. X **over** Y
   （Y に覆い被さるように）

4. I don't like to say it **over** the telephone.
   （電話回線に覆い被さるように）

5. I took three hours **over** the work.
   （その仕事に覆い被さるように）

6. Don't doze **over** your job.
   （君がやりかけている仕事に覆い被さるように）

21. over 発展問題参考訳

1. 医者は<u>死体**に覆い被さるように**</u>身を傾けた。

2. 我々としては<u>そのような過ち**を大目に見る**[**を跨いで**視線を運ぶ]</u>わけにはいかない。

3. <u>**Y分のX**[XがYに覆い被さる(表示の)数値]</u>

4. 私は<u>電話**越しに**[電話回線**を跨いで**]</u>そんなことを言いたくない。

5. 私は<u>その仕事**の全工程に**</u>3時間を費やした。

6. <u>**仕事をしながら**[仕事**に**身を傾けながら]</u>居眠りをしてはいけない。

22. *through*

前置詞 through はその（目的語が示す）対象の内側を端から端に及ぶこと、又は対象の外側から内を貫いて反対側に突き抜けることを示します。次の例文 1 ～ 5 で確認しましょう。

1. She searched **through** her purse.
   彼女はハンドバックの中を隅々まで探った。

2. He bored a hole **through** the plank.
   彼はその板を突き抜いて穴を開けた。

3. The poison passed **through** his system
   毒が彼の体の隅々まで回った。

4. We flew **through** Paris to London.
   私達はパリ経由で［パリ（の上空）を通り抜けて］ロンドンまで飛んだ。

5. It was all **through** you that we were late.
   私達が遅れたのはすべて君のせい［君が介在したから］だ。

前頁を参考に、ここでは「を貫<ruby>貫<rt>つらぬ</rt></ruby>いて」を前置詞 through の「基本イメージ」として、through を含む各例文を読み解き、それぞれ適切な日本語に訳してみましょう。

＊「貫く」＝端から端へ、または表から裏へ突き通す。

『精選版・日本国語大辞典』（小学館）

基本例文

1. He looked **through** the window at the garden.
   （窓を貫いて）

   彼は窓**越しに**庭を眺めた。

2. I ran away **through** fear.
   （不安を貫いて）

   私は**怖くなって**逃げ出した。

3. He passed **through** adversity.
   （逆境を貫いて）

   彼は逆境**を経験して**来た。

4. A voice was heard **through** rolling drums.
   （鳴り響く太鼓の音を貫いて）

   鳴り響く<ruby>太<rt>たい</rt></ruby><ruby>鼓<rt>こ</rt></ruby>の音**を貫いて**人の声が聞こえた。

5. It will be on display **through** April 10.
   （4 月 10 日を貫いて）

   展示は 4 月 10 日**いっぱい**公開されます。

6. The girl nodded **through** her tears.

   その少女は涙**をずっと浮かべながら**<ruby>頷<rt>うなず</rt></ruby>いた。

22. *through* 練習問題

各カッコ内の「**基本イメージ**」を参考に、through を含む各例文を読み解き、それぞれ適切な日本語に訳してみましょう。

1. He got **through** the examination.
   （試験を貫いて）

2. I obtained my position **through** a friend.
   （ひとりの友人を貫いて）

3. Don't drive **through** a red light.
   （赤信号を貫いて）

4. He lost his place **through** neglect of duty.
   （職務怠慢を貫いて）

5. The woman refused help **through** pride.
   （自尊心を貫いて）

6. Unfortunately we failed **through** our ignorance.
   （我々の無知を貫いて）

22. *through* 練習問題参考訳

1. 彼はその<u>試験**を突破した**</u>。

2. 私は<u>友人**を間に介して**</u>今の地位を得た。

3. <u>赤信号**を突破して**</u>運転してはいけない。

4. 彼は<u>職務怠慢**をしでかして**</u>免職になった。

5. その女性は<u>プライド**を全うして**</u>、他人の援助を拒んだ。

6. 残念ながら<u>我々の無知のせいで［我々の無知が**介在して**]</u>失敗した。

22. *through* 発展問題

各カッコ内の「**基本イメージ**」を参考に、through を含む各例文を読み解き、それぞれ適切な日本語に訳してみましょう。

1. It has passed **through many hands** since then.
   （多くの人手**を貫いて**）

2. He became a historian **through his uncle being one**.
   （彼の叔父が歴史家であったこと**を貫いて**）

3. It was all **through you** that we were late.
   （君**を貫いて**）

4. I got lost **through not knowing the way**.
   （行く道が分からないこと**を貫いて**）

5. The boy stared me **through his tears**,
   （涙**を貫いて**）

6. That beautiful symphony keeps running **through my mind**.
   （私の心**を貫いて**）

22. *through* 発展問題参考訳

1. その時以来、それは<u>多くの人手を経て</u>今に至っている。

2. <u>叔父が歴史家という環境**に育って**［**を経て**］</u>彼も歴史家になった。

3. 私達が遅れた経緯には全て<u>君**が**（**介在して**）足手まといになったからだ</u>。

4. 私は<u>道が分からなく**なって**［道が分からない**ことが介在して**］</u>迷子になった。

5. その少年は<u>涙**越しに**</u>じっと私を見つめた。

6. あの美しい交響曲が<u>私**の**心**の隅々に**</u>響きわたって消えない。

23. to

前置詞 **to** はその（目的語が示す）**対象に及び連なる**ことを示します。次の例文 1 ～ 5 で確認しましょう。

1. The tree fell **to** the ground.
   その木は倒れて地面**に**ぺったりと横になった。

2. He bowed **to** an acquaintance.
   彼はお辞儀をして礼意を知人**に届けた**。

3. Tom sang **to** the guitar.
   トムはギターの演奏**に合わせて**歌った。

4. Is this bus **to** Fifth Avenue?
   このバスは五番街**に停車します**か。

   ＊ Is this bus **for** Fifth Avenue? このバスは五番街が**終点**［**最終目標地点**］ですか。

5. The fact is known **to** everyone.
   その事実は誰**にも**（届いて）**知られて**いる。

前頁を参考に、ここでは「に及び連なって」を前置詞 to の「基本イメージ」として、各例文を読み解き、それぞれ適切な日本語に訳してみましょう。

基本例文

1. There is no royal road **to** learning.
   　　　　　　　　　　　　　　　　（学問**に及び連なって**）
   学問を究める**に到る**特別な道はない。

2. His illness will not answer **to** medical treatment.
   　　　　　　　　　　　　　　　　　（医療処置**に及び連なって**）
   彼の病気は医療を施してもそれ**に見合う**効果はないでしょう。

3. We went **to** law.
   　　　　　　　（法律**に及び連なって**）
   我々は法的手段に**まで及んで**しまった。

4. He has a room **to** himself.
   　　　　　　　　　　　（彼自身**に及び連なって**）
   彼は自分**専用の**部屋を持っている。

5. He stood with his back **to** the fire.
   　　　　　　　　　　　　　　（焚火**に及び連なって**）
   彼は背中を焚火の暖**にあてて**立っていた。

各カッコ内の「**基本イメージ**」を参考に、**to** を含む各例文を読み解き、それぞれ適切な日本語に訳してみましょう。

1. There are two sides **to** everything.
   （全てに及び連なって）

2. He married his daughter **to** a banker.
   （銀行家に及び連なって）

3. This is an occupation **to** my taste.
   （私の好みに及び連なって）

4. This house is open **to** the south.
   （南の方面に及び連なって）

5. We often compare life **to** a voyage.
   （航海に及び連なって）

6. Turn **to** the left.
   （左側に及び連なって）

7. Let's drink **to** him.
   （彼に及び連なって）

23. to 練習問題参考訳

1. 表裏・功罪両面は<u>何事にも付随する</u>ものだ。

2. 彼は娘を<u>銀行家に縁付けて</u>結婚させた。

3. これは今や僕の<u>趣味にまでなっている</u>仕事だ。

4. この家は開口部が<u>南に面している</u>。

5. 我々はしばしば人生を<u>航海に（結び付けて）</u>たとえる。

6. 回転させて、向きを<u>（君の）左側に合わせなさい</u>。

7. 祝意を<u>彼に届ける</u>気持ちで乾杯しましょう。

23. to 発展問題

　各カッコ内の「**基本イメージ**」を参考に、to を含む各例文を読み解き、それぞれ適切な日本語に訳してみましょう。

1. We did it **to** our cost.
   　　　（我々の負担**に及び連なって**）

2. The new book came **to** hand today.
   　　　（手元**に及び連なって**）

   ＊hand 無冠詞で「手近な所」。

3. I prefer golf **to** tennis.
   　　　（テニス**に及び連なって**）

4. He failed **to** my dismay.
   　　　（私の狼狽**に及び連なって**）

5. Mount Kenya is **to** the north of Nairobi.
   　　　（ナイロビの北側**に及び連なって**）

6. It doesn't matter **to** me what you say.
   　　　（私**に及び連なって**）

7. The wind is blowing from the north **to** the south.
   　　　（北の方面から南の方面**に及び連なって**）

23. *to*　発展問題参考訳

1. 我々はそんなことをして自らの負担に至った。

2. 新刊本が今日手元に届いた。

3. 僕はテニスに（並べて）比べればゴルフを優先する。

4. 彼がやりそこなって私が狼狽することに至った。

5. ケニア山はナイロビの北方にある。［ケニヤ山は（直線で）ナイロビの北側に連なっている。］

6. 君の言うことは私にまで及ぶ問題ではない。

7. 風は北の方面から南の方面に吹きつけている。

24. under

前置詞 under はその（目的語が示す）**対象が覆い被さる状態**
を示します。次の例文1〜5で確認しましょう。

＊「**覆い被る**」＝ 1. 物を包むように上やまわりに広がる。 2．責任、
負担、重圧などがかかる　ある物の上におおうようになる。

『精選版・日本国語大辞典』（小学館）

1. We cannot march **under** such a load.
   我々はそのような荷**を負わされては**行進できません。

2. The pen rolled **under** the chair.
   そのペンは椅子**が被さる下に**転がり込んだ。

3. He had a gun **under** his cloak.
   彼は銃を外套**の下に覆い隠して**持っていた。

4. He has six men **under** him.
   彼には自分**の指揮下に**6人の部下がいる。

5. The ship anchored **under** a small island.
   その船はとある小島**の陰に**停泊していた。

前頁を参考に、ここでは「が覆い被さる下に」を前置詞 under の「**基本イメージ**」として、under を含む各例文を読み解き、それぞれ適切な日本語に訳してみましょう。

基本例文

1. Draw a line **under** the important words.
(重要語が**覆い被さる下に**)

重要語の**すぐ下に**線を引きなさい。

2. He was hit **under** his right eye.
(右目が**覆い被さる下に**)

彼は右目**のすぐ下を**殴られた。

＊**below** his right eye ＝彼の右目**の下方を**

3. I wear a sweater **under** my jacket.
(ジャケットが**覆い被さる下に**)

私はジャケット**が被さる下に**セーターを着ています。
(セーターはジャケットの外にはみ出ていません。)

4. The matter is **under** review.
(再検討が**覆い被さる下に**)

その問題は目下再検討**されて**いる。

5. The road is **under** repair now.
(修理が**覆い被さる下に**)

この道路は現在修理**を受けて**います。

24. under 練習問題

　各カッコ内の「**基本イメージ**」を参考に、under を含む各英文を読み解き、それぞれ適切な日本語に訳してみましょう。

1. The item can be classified **under** 'music.'
(「音楽」という項目名<u>が覆い被さる下に</u>)

2. The fire is **under** control.
(抑制<u>が覆い被さる下に</u>)

3. The old woman is now **under** treatment for
(関節炎の治療<u>が覆い被さる下に</u>)
arthritis.

4. I'm sorry I was **under** a misapprehension.
(誤解<u>が覆い被さる下に</u>)

5. He is now **under** the knife.
(手術のメス<u>が覆い被さる下に</u>)

6. He is **under** age.
(成人年齢<u>が覆い被さる下に</u>)

24. *under* 練習問題参考訳

1. その事項は「音楽」という項目のもとにまとめて分類できます。

2. 火災は現在制御されている状態だ。

3. その老婦人は関節炎の治療を受けています。

4. すみません、私は何らかの誤解に支配されていました。

5. 彼は今執刀手術を受けています。

6. 彼は未成年で成人年齢という条件の制約を受けます。
   * below age ＝成人年齢より下で

24. under 発展問題

各カッコ内の「**基本イメージ**」を参考に、under を含む各例文を読み解き、それぞれ適切な日本語に訳してみましょう。

1. I raise the objection **under** Article 5 of the
   （憲法第5条が<u>覆い被さる下に</u>）
   Constitution.

2. The soldiers advanced **under** heavy fire.
   （激しい砲火が<u>覆い被さる下に</u>）

3. He obtained a lot of money **under** the pretense of
   （慈善募金という美名が<u>覆い被さる下に</u>）
   collecting for charity.

4. I am **under** the impression that he is coming.
   （彼が来るという印象が<u>覆い被さる下に</u>）

5. The village lies **under** the hill.
   （その丘が<u>覆い被さる下に</u>）

6. Don't sell it for **under** 1,000 yen.
   （1,000円という基準が<u>覆い被さる下に</u>）

24. under 発展問題参考訳

1. 私は<u>憲法第5条**の下で保証される権利に基づき**</u>異議を申し立てます。

2. その兵士たちは<u>激しい砲火<ruby>砲火<rt>ほうか</rt></ruby>**を浴び<ruby>浴<rt>あ</rt></ruby>びながら**</u>前進した。

3. 彼は<u>慈善募金<ruby>慈善<rt>じぜん</rt></ruby>という美名**の下に隠<ruby>隠<rt>かく</rt></ruby>れて**</u>多額の金を手に入れた。

4. 私は未だ<u>彼が来るという思い**に支配されています**</u>。

5. その村は<u>近くの丘から**全体を見下ろせます**</u>。

6. それは<u>1,000円という最低条件**を満たさずには**</u>売るな。

25. with

　前置詞 with はその（目的語が示す）対象を「（傍らに）伴う相手」か、又は「（向き合い）対する相手」として示します。次の例文1～5で確認しましょう。

🎧76

1. He danced **with** his wife.
   彼は妻と［妻を（傍らに）伴って］踊った。

2. I want a house **with** a large garden.
   私は広い庭付きの［広い庭を（傍らに）伴う］家が欲しい。

3. What do you want **with** me?
   君は私に（向き合い）対して何を求めているのか。

4. He has great influence **with** the mayor.
   彼は市長に（向き合い）対して大きな影響力を持っている。

5. He fought **with** his son.
   彼は息子と［息子を伴って・息子に対して］戦った。
   （二つの意味に解釈できます。）

前頁を参考に、ここでは「を相手に」を前置詞 with の「基本イメージ」として with を含む各例文を読み解き、それぞれ適切な日本語に訳してみましょう。

基本例文

1. He is patient **with** his men.
（部下を相手に）
彼は**部下に対して**寛容だ。

2. It's usual **with** the French.
（フランス人を相手に）
それは<u>フランス人**にとっては**</u>［**の場合は・に対しては**］普通だ。

3. I'll be **with** all of you in no time.
（あなた方全員を相手に）
すぐに<u>皆さん**と合流する**</u>つもりです。

4. It's just the same **with** me.
（私を相手に）
それは<u>私**にとっても**</u>［**に対しても**］全く同じことです。

5. She brushed her hair **with** her hand.
（片方の手を相手に）
彼女は<u>片方の手**で**</u>髪を梳かした。

6. I have nothing to do **with** the matter.
（そのことを相手に）
<u>僕はその事**とは**</u>無関係だ［僕はその事**に対して**すべきことは何もない］。

25. with 練習問題

　各カッコ内の「**基本イメージ**」を参考に、with を含む各英文を読み解き、それぞれ適切な日本語に訳してみましょう。

1. What shall I begin **with**?
（何を相手に）

2. Are you **with** me?
（私を相手に）

3. I don't want to part **with** my car.
（私の車を相手に）

4. How are you getting along **with** your work?
（仕事を相手に）

5. Why can't you get along **with** your mother?
（君の母親を相手に）

6. What's the matter **with** you?
（君を相手に）

7. We helped him **with** the plan.
（その計画を相手に）

25. *with*　練習問題参考訳

1. 私は何から[に（対し）向き合って]取り掛かりましょうか。

2. あなたはここまでの私の話についてきていますか。

3. 私は愛車を手放したくない。

4. お仕事の進み具合はいかがですか。

5. なぜあなたは母親と（共に）折り合っていけないのですか。

6. 君に突きつけられている[君に向き合っている]問題は何ですか。

7. 我々はその計画を対象に彼を援助した。

25. *with* 発展問題

各カッコ内の「**基本イメージ**」を参考に、with を含む各例文を読み解き、それぞれ適切な日本語に訳してみましょう。

1. Can I trust him **with** the secret?
   （その秘密を相手に）

2. We met **with** many difficulties on the trip.
   （多くの困難を相手に）

3. **With** him, money is everything.
   （彼を相手に）

4. They surprised me **with** a birthday party.
   （誕生パーティーを相手に）

5. Tom bought a new car **with** all his money.
   （有り金全てを相手に）

6. Something is wrong **with** my car.
   （私の車を相手に）

25. *with*   発展問題参考訳

1. 彼を信頼して秘密を**教えても**［秘密を彼**に伴わせても**］いいですか。

2. その旅行で私達は多くの困難**に出会った**［多くの困難**を伴うことになった**］。

3. 彼**の場合は**［**が向き合う相手なら**］金で全て片付く。

4. 彼らは私の誕生会**を催して**［**を伴って**］私を驚かせた。

5. トムは有り金全て**を支払って**［**を伴って**］新車を買った。

6. 僕**の車には**［僕**の車に伴って**］どこか調子の悪い部分がある。

26. *within*

前置詞 within はその（目的語が示す）**対象の枠の内に十分入り込んだ状態**を示します。次の例文１〜５で確認しましょう。

1. Children must remain **within** the school grounds.
   児童は、校庭**の十分内側に**いなければならない。

2. It may be **within** your knowledge that she is honest.
   彼女が正直なことは君**も十分知っている**だろう。

3. I'll be here **within** an hour.
   一時間**を余して**ここに戻ります。

4. He has a powerful influence **within** the government.
   彼は政府**内の奥の方では**強い影響力をもっている。

5. The hotel is **within** the sound of the sea.
   そのホテルは海の波音が**よく聞こえる所に**あります。

前頁を参考に、ここでは「の内に十分入り込んで」を前置詞 within の「**基本イメージ**」として、within を含む各例文を読み解き、それぞれ適切な日本語に訳してみましょう。

基本例文

1. He lives **within** a mile of the station.
   （1マイルの内に十分入り込んで）
   彼は最寄り駅には1マイル<u>足らずで</u>行ける所に住んでいる。

2. I felt the anger mounting up **within** me.
   （私の内に十分入り込んで）
   私は怒りが<u>心の奥に</u>こみ上げてくるのを感じた。

3. It is **within** the range of possibility.
   （可能性の枠の内に十分入り込んで）
   それは<u>十分に</u>実現可能の範囲<u>内</u>です。

4. What is the role of women **within** the family?
   （家庭生活の内に十分入り込んで）
   <u>家庭生活の目に見えない部分での</u>女性の役割とは何か。

5. I will do everything **within** my power to help you.
   （私の能力の内に十分入り込んで）
   <u>私の力で十分可能なことなら</u>何でもお手伝いします。

26. within 練習問題

　各カッコ内の「**基本イメージ**」を参考に、within を含む各英文を読み解き、それぞれ適切な日本語に訳してみましょう。

1. You cannot smoke **within** the building.
（この建物<u>の内に十分入り込んで</u>）

2. Golf comes **within** the reach of a great number.
（大衆の手の届く範囲<u>の内に十分入り込んで</u>）

3. We will do our activities **within** the framework of
（民主主義の枠<u>の内に十分入り込んで</u>）
democracy.

4. **Within** the space of a year, about 200 people were
（1年という期間<u>の内に十分入り込んで</u>）
fired.

5. He decided to live **within** his income and add to
（自分の収入額<u>の内に十分入り込んで</u>）
his bank account.

6. We must do everything keeping **within** bounds.
（諸々の制限<u>の枠内に十分入り込んで</u>）

26. within 練習問題参考訳

1. この建物**の中に立ち入ったら**禁煙です。

2. ゴルフは今や大衆**の手が楽に届く**ものになっている。

3. 我々は民主主義の枠**を十分に護^{まも}って**活動しよう。

4. 1年**をたっぷり残して**約 200 人が解雇^{かいこ}された。

5. 彼は、収入**を出来るだけ残して**生活し預金を増やそうと決心した。

6. 我々は何事にも諸々^{もろもろ}の制限**を確実に護り**ながら当たらなければならない。

26. *within* 発展問題

各カッコ内の「**基本イメージ**」を参考に、within を含む各例文を読み解き、それぞれ適切な日本語に訳してみましょう。

1. Stay **within** shouting distance of me.
（大声で呼べば聞こえる距離の内に十分入り込んで）

2. You need to pick your ticket up **within** 24 hours.
（24 時間の内に十分入り込んで）

3. Don't keep yourself **within** doors for long.
（ドアの内に十分入り込んで）

4. A further announcement will be made **within** a fewdays.
（2, 3 日の内に十分入り込んで）

5. The sound seemed to come from **within** the
（家の内に十分入り込んで）
house.

6. The bus will arrive **within** ten minutes.
（10 分の内に十分入り込んで）

26. *within*　

1. 大声で呼べば<u>**よく聞こえる所に**</u>居なさい。

2. 切符は今から<u>24 時間**の内に余裕をもって**</u>受け取って下さい。

3. 家の**中に**籠^{こも}っているばかりじゃ駄目だよ。

4. <u>2、3 日**の内には余裕をもって**</u>追加の発表があります。

5. その音は<u>家**の奥**</u>から聞こえてくるようだった。

6. バスは<u>10 分**を余して**</u>到着します。

トレーニング3

前置詞の比較 1

日本文を参考にカッコ内の適切な前置詞を選びなさい。

1. 彼女にはどことなく謎めいた雰囲気がある。

   There is an air of mystery (**about** / **around**) her.

2. 彼女の胸周りを計測すると 40 インチある。

   She measures 40 inches (**about** / **around**) her bust.

3. 慈愛の心を何よりも大切にしなさい。

   Have charity (**above** / **after**) all.

4. 全てが終わってみれば彼はそんなに悪くなかった。

   He wasn't so bad (**above** / **after**) all.

5. 彼は職場では私より地位が上だ。

   He is (**above** / **over**) me in the office.

6. 彼は職場では私に指示を下す上司だ。

   He is (**above** / **over**) me in the office.

前置詞の比較１（解答）

1. about

2. around

about は対象の漠然とした「**周辺**」を、around は about より厳密な「**周囲**」を表します、

We sat **about** the fire. 我々は暖炉**の辺りに**座った。
We sat **around** the fire. 我々は暖炉**を囲んで**座った。

3. above

4. after

above は「**価値的・位置的上位**」を、after は「**時間的・順位的な「すぐあと」**」を表します。

5. above

6. over

above は明確な地位としての**上位**を、over は対象に直接指令を下す立場を表します。

前置詞の比較 2

日本文を参考にカッコ内の適切な前置詞を選びなさい。

1. 彼はジャンプしてその川を跳び越えた。

   He jumped (**across** / **over**) the river.

2. 彼は泳いでその川を渡った。

   He swam (**across** / **over**) the river.

3. 彼は次から次へと続けざまに本を読んだ。

   He read one book (**after** / **by**) another.

4. 一人ずつ子供たちは結婚して家を離れた。

   One (**after** / **by**) one the children married andmoved away

5. 彼は欄干にしがみつくように身を寄せている。

   He is leaning (**on** / **over**) the railing.

6. 彼は私に面と向かって怒声を浴びせた。

   He was angry (**at** / **with**) me.

前置詞の比較 2（解答）

1. **over**

over the river は「川を**飛び越えて**対岸の上に達すること」、
across the river は「川を泳ぎ渡って対岸の縁に達すること」

2. **across**

3. **after**

after 〜 は「〜のすぐ後に」で、は対象の時間的直後を表します。
one **after** another ＝「間を置かず次々と」

4. **by**

one **by** one は「一人ずつ繋がるように」です。

5. **on**

on 〜 ＝ 〜にぴったり密着して、**over** 〜 ＝ 〜に覆い被さって

6. **at**

at は**主体（の行為や状態）が直に向き合う対象**を示し、**with** は**主体（の行為や状態）が関わり及ぶ対象**を示します。

＊ He was angry **with** me.
彼は私に（**対して**）腹をたてていた。

前置詞の比較 3

日本文を参考にカッコ内の適切な前置詞を選びなさい。

1. 彼は<u>欄干**から身を乗り出し、被さるように**</u>もたれている。
   He is leaning (**above** / **over**) the railing.

2. 彼は<u>木々**に紛れて**</u>身を隠した。
   He hid himself (**among** / **between**) the trees.

3. <u>木々**の間に**</u>彼の家が見えます。
   We can see his house (**among** / **between**) the <u>trees</u>.

4. 彼は未だ<u>在学**中**</u>です。
   He is still (**at** / **in**) <u>school</u>.

5. 彼は今授業を受けている最中です。
   He is now (**at** / **in**) <u>school</u>.

6. 気温は零下 5 度だった。
   It was 5 degrees (**below** / **under**) <u>zero</u>.

前置詞の比較 3（解答）

1. over

over は対象に「覆い被さる」イメージで、above は対象から区切りを置いた「(位置的・価値的)上方」を示します。

2. among

3. between

among は類似の群れの中に「紛れ込む」ことですが、between は二者以上の「間に挟まれ[囲われ]る」ことで、「紛れ込む」という意味合いはありません。

4. in

5. at

at は「対象に間近く、直に向き合う」ことで、in は「ある範囲に収まっている」ことです。

6. below

under は対象から何らかの圧迫や影響を受けるという意味を含み、zero は「無」という意味ですので「圧迫」や「影響」を想定しにくいのでしょう。under zero という表現は英語にはありません。

前置詞の比較 4

日本文を参考にカッコ内の適切な前置詞を選びなさい。

1. 彼らは未成年者で成人の資格がない。
   They are (**below** / **under**) age.

2. あの山を<u>越えてその先に</u>小さな村があります。
   There is a small village (**beyond** / **over**) the mountain.

3. あの山を<u>越えると</u>小さな村があります。
   There is a small village (**beyond** / **over**) the mountain.

4. 彼女は今までドアひとつ<u>自分で</u>開けたことはない。
   She has never opened a door (**by** / **for**) herself.

5. 彼は<u>独力で</u>億万長者になった。
   He has become a millionaire (**by** / **for**) himself.

6. 君が<u>自分（の眼）で</u>それを見なければだめだよ。
   You must see it (**by** / **for**) yourself.

前置詞の比較 4 (解答)

1. under

under 〜 には「〜の条件・資格を満たしていない」という意味合いがあります。

2. beyond

3. over

over 〜は「〜を越えた所に」で、beyond は「〜を越えてその先に」の意味です。

4. for

<u>for</u> oneself = (自分の必要**を満たすのに**他人に代行させるのではなく) 自分自身で

5. by

<u>by</u> oneself = 独力で (<u>自分自身に寄り付いて</u>) で、「(誰の援けも借りずに) 自分だけ<u>で</u>」の意味になります。

6. for

<u>for</u> yourself =「(代行ではなく) <u>自分自身で</u> (<u>自分自身の必要を適えるために</u>)」

前置詞の比較 5

日本文を参考にカッコ内の適切な前置詞を選びなさい。

1. 彼が述べていることそれ自体に限れば真実です。

   What he says is true (**by** / **in**) itself.

2. 雑草はひとりでに生えてくるものだ。

   Words grow (**in** / **of**) themselves.

3. 彼女は駅で夫と別れて家路についた。

   She parted (**from** / **with**) her husband at the station, and went home.

4. 彼は妻と縁を切って家を出た。

   He broke up (**from** / **with**) his wife, and left home.

5. 彼女は飼い猫を自分のエプロンの中にぴったりと包み込んだ。

   She wrapped her cat (**in** / **within**) her apron.

6. 駅はそのホテルから歩いて行ける範囲内にあります。

   The station is within walking distance (**from** / **of**) our hotel.

前置詞の比較 5（解答）

1. in

in itself ＝ それ自体**の範囲では**
by itself ＝ それ自体**に寄り付いて**（それ自体の力で［**ひとりでに**］）

2. of

of itself ＝ それ自体（**の性質**）**に繋がって**（ひとりでに）

3. from

part **from** ～ ＝ ～**から離れる**

4. with

break (up) **with** ～ ＝ ～**に対して**縁を切る

5. in

in は一定の「**枠**」にぴったり包み込み、収めることを示します。

＊ I will return **in** an hour. ＝ 今から 1 時間で（1 時間**に収めて**）
戻ります。**within** は枠から内寄りに入り込んだ状態を示しま
す。within an hour ＝ 1 時間**足らずで**

6. of

of は「繋がり」を表し、**within** と連携して用いられます。

前置詞の比較 6

日本文を参考にカッコ内の適切な前置詞を選びなさい。

1. 私の言葉によく耳を傾けて下さい。

    Attend (**on** / **to**) my words, please.

2. 鳥類の場合は雄の方が美しい。

    (**In** / **With**) birds the males are prettier.

3. 私の車で行きませんか。

    Shall we go (**in** / **on**) my car ?

4. 彼は出発してその1週間後に帰って来た。

    He came back (**after** / **in**) a week.

5. そのような問題は我々にはいつものことである。

    Such a problem is quite familiar (**to** / **with**) us.

6. 我々はそのような問題には精通している。

    We are familiar (**to** / **with**) such a problem.

前置詞の比較 6 （解答）

1. to

<u>attend</u> to ～ ＝「～に意識を（向けて）**連ねる**」You have to attend **to** your business. 君は自分の仕事に**しっかりと心を向けるべきだ。**<u>attend **on** ～</u>＝～に**付き添って世話をする**（**on** は**密着**を示します。）

2. with

with は目の前の問題として**向き合う対象[相手]** を示します。

3. in

<u>**in** a car (plane・ship)</u>「車（飛行機・船）**の中に収まって**」
<u>**on** a plane (ship)</u>「飛行機（船）**に乗って**」
<u>**on** a car</u> はありません。（car の場合は体を屈して**枠の中に収まる**、**in** のイメージが強いからでしょうか。）

4. after

<u>**after** a week</u> は「ある出来事**の一週間後**」、つまりこの場合は「**出発後の一週間後**」

5. to

with なら、「その問題は<u>我々に**対して**</u>なれなれしい。」となり、不自然な意味になります。

6. with

to なら、「我々はその問題<u>**にとって**</u>親しみがある。」になり、意味を成しません。

前置詞の比較 7

日本文を参考にカッコ内の適切な前置詞を選びなさい。

1. その実現の**ためには**彼は重要な存在だ。

   He is important (**for** / **to**) the realization of that.

2. その事故は我々**に**非常に重要な影響を及ぼした。

   The accident was very important (**for** / **to**) us

3. 彼女の父は彼女を資産家**と**［**に連れ合わせて**］結婚させたいと思っている。

   Her father wants to marry her (**to** / **with**) a person of property.

4. 木々**に紛れて**リスがいるようだ。

   There seems to be a squirrel (**among** / **between**) the trees.

5. その家はそこに 1 軒**ぽつんと**建っている。

   The house stands there (**by** / **in**) itself.

6. 2 月は全ての月**で**最も短い。

   February is the shortest (**in** / **of**) all the months.

前置詞の比較 7（解答）

1. **for**

important **for** 〜 = 〜の達成のために重要な

2. **to**

important **to** 〜 = 〜の立場にとって重要な
important は「（介入して）影響力がある」の意味です。
import は「運び入れる」が原意。

3. **to**

marry A **to** B = A を B に嫁がせる
marry A **with** B = A を B と混ぜ合わせる

4. **among**

among 〜は、3 者以上の群れに紛れて見えにくい状態ですが、
between 〜は 2 者、又は 3 者以上の間に挟まり、よく見える状態です。

5. **by**

by itself = それだけで孤立して（それ自身に寄り付いて）
in itself = その本質として（それ自身の枠・範囲に収まって）

6. **of**

of all 〜 = 全ての〜に繋がって［〜の仲間内で］

前置詞の比較 8

日本文を参考にカッコ内の適切な前置詞を選びなさい。

1. 彼は<u>疲労**のあまり**</u>死んだ。

   He died (**from** / **of**) fatigue.

2. トムは<u>約束を**忠実に守る**</u>。

   Tom is true (**to** / **with**) her word.

3. <u>こぼしたミルク**のことを思って**</u>泣いても無駄だ。

   It is no use crying (**about** / **over**) spilt milk.

4. 我々は夕刻<u>**目的地の**パリ</u>に着いた。

   We arrived (**at** / **in**) Paris in the evening.

5. <u>**全くもって**汚い手口だ</u>。

   (**In** / **Of**) all the nasty tricks.

6. 彼の父は<u>中古車**の**商<ruby>あきな<rt></rt></ruby>い</u>をしている。

   His father deals (**in** / **with**) used cars.

前置詞の比較 8（解答）

1. **of**

<u>**from** fatigue</u> ＝<u>疲労**が発端で**</u>

2. **to**

<u>true **to** ～</u> ＝<u>忠実に**～に及び連なって**</u>

3. **about**

<u>cry **about** ～</u> ＝<u>～のこと**を思って**泣く</u>
<u>cry **over** ～</u> ＝「**～に被さるように俯きながら泣く**」ここではミルクをこぼした現場から離れた所で、思い出している状況です。

4. **at**

到着地の「広さ」に関係なく、「目的地」への到着なら **at** になります。また、「或る<u>地域**内**</u>」に入ったことを示すなら小さな村でも **in** が用いられます。

5. **Of**

<u>**of** all ～</u> ＝<u>「全くもって～だ」</u>＜<u>「全ての～に繋がり合っている」</u>

6. **in**

<u>deal **in** ～</u> ＝<u>～**の枠に収まって**商売をする</u>
<u>deal **with** ～</u> ＝<u>～**に相対して**対処する</u>

前置詞の比較 9

日本文を参考にカッコ内の適切な前置詞を選びなさい。

1. 同じことは<u>事業にも当てはまる</u>。
   The same is <u>true (**of** / **to**) business</u>.

2. 彼女はまた<u>夫に向かって何かね</u>だっている。
   She is (**at** / **on**) <u>her husband</u> again.

3. 彼は<u>成功に見合った</u>幸福感を抱いてはいない。
   She does not feel <u>happy (**for** / **with**) all his</u>
   <u>success</u>.

4. <u>全部で</u> 100 人の客を迎えている。
   We have a hundred guests (**at** / **in**) all.

5. 当地では<u>雪が降るにしても</u>大変まれだ。
   It snows here very rarely if (**at** / **in**) all.

6. <u>やろうとして向き合ったなら何事</u>も、しっかりやりなさい。
   If you do it (**at** / **in**) all, do it well.

前置詞の比較 9（解答）

1. of

true of 〜 （〜に繋がって真実な）
true for 〜 （〜に適って真実な）
true with 〜 （〜に向き合って真実な、対し関わって真実な）
＊ **of** 以外に、**for** 及び **with** が可能です。

2. at

at 〜は「〜に直に向き合いその特質に関わること」で、**at** her husband は、妻から見て扶養者としての夫に何かねだっている状況が想定されます。

3. for

for 〜で「〜に適う」で、not 〜 **for** all his success ＝ 彼のあれほどの成功に相応しい程には〜ではない。

4. in

in all ＝全体という枠に括って［枠に収めて］の人数は

5. at

if **at** all ＝全ての事例に向き合っても

6. at

if **at** all ＝何事にも向き合ったなら

前置詞の比較 10

日本文を参考にカッコ内の適切な前置詞を選びなさい。

1. 3人の看護婦が彼に手当てを施した。
   Three nurses attended (**on** / **to**) him.

2. 3人の女官が女王に常時仕えた。
   Three ladies attended (**on** / **to**) the queen.

3. こぼしたミルクのことを思って泣いても無駄だ。
   It is no use crying (**about** / **over**) spilt milk.

4. 我々は夕刻目的地のパリに着いた。
   We arrived (**at** / **in**) Paris in the evening.

5. ジミーはサッカーが大好きです。
   Jimmy is a one (**at** / **for**) football.

6. ジミーはサッカーが上手です。
   Jimmy is good (**at** / **for**) football.

前置詞の比較 10（解答）

1. **to**

2. **on**

＊**to** は対象への「**到達・連結**」を、**on** は対象への「**密着**」を表します。

3. **about**

cry about ～ = ～のことを思って泣く、cry over ～ = に被さるように俯きながら泣く

4. **at**

対象が目的地なら **at** で、単に地域を示す場合なら対象の広さに関係なく **in** になります。

5. **for**

for ～ = ～を（適えようと）追い求める

6. **at**

good at ～ = ～に直に向き合い実行することが上手い

補足　不定詞について

　動詞の原形に **to** を付けると「不定詞」になります。この場合の **to** は「前置詞」とは呼称されませんが、この本で前置詞 **to** の「**基本イメージ**」として提示された「**に及び連なって**」は不定詞の場合の **to** にもそのまま通用しそうです。次の例文1〜5で確かめてみましょう。

1. My daughter is **to** be married next month.
   （結婚すること**に及び連なって**）

   私の娘は来月結婚**する予定**です。

2. We are not **to** smoke in this room.
   （喫煙行為**に及び連なって**）

   この部屋の中では我々は喫煙**を許されて**いない。

3. If you are **to** succeed, you must work harder.
   （成功すること**に及び連なって**）

   君が成功する**つもり**ならもっと頑張らなければならない。

4. He was never **to** see his wife again.
   （妻との再会**に及び連なって**いなかった）

   彼は妻との再会**を果たせない定め**だった。

5. We can't tell what is **to** happen to the world.
   （何が起きること**に及び連なって**いるか）

   人はこの世に何が**この先いずれ**起きるのか判らない。

補足（続き） 不定詞について

次の各組の英文を比較しましょう。

1. I <u>tried opening</u> the window.（私は窓を<u>開けてみた</u>。）

2. I <u>tried **to** open</u> the window.
   （私は窓を<u>開けようとした</u>［私は窓を<u>開けることに及び連なろうと</u>した］。）（2 は窓が開いたかどうか不明です。）

3. I want <u>her **to** sing</u>.
   （私は彼女に<u>歌って</u>欲しい［私は彼女が<u>歌うことに及び連なって</u>欲しい］。）

4. I <u>heard her sing</u>.（私は彼女が<u>歌うのを</u>耳にした。）

5. I <u>heard her **to** sing</u>.
   （私は彼女が<u>歌うことに及び連なる迄</u>を耳にした。）

   ＊ hear のような「感覚動詞」と連携する場合は、to を伴うと 5 のように、耳にする対象が「<u>歌い**始める瞬間まで**</u>」になってしまい、歌うことを聞くことにはならず非文とされます。

6. I <u>enjoy playing</u> tennis in the morning.
   （私は朝テニスを<u>することが</u>好きだ。）

7. I <u>enjoy **to** play</u> tennis in the morning.
   （私は朝<u>テニスをすることに及び連なるのが</u>好きだ。）
   これだと主体の好む対象が、<u>テニスをすること自体</u>ではなく、「<u>テニスをすることを始めること</u>」になり、5 の場合と同様に非文とされます。

[著者紹介]

亀山 征史（かめやま ゆきひと）

1942 年埼玉県生まれ。上智大学大学院文学研究科英米文学専攻修士課程終了。日本大学理工学部にて、一般教育科目「英語」を約 35 年間担当した後退職。

英語前置詞イメージ教室
― 前置詞 26 選トレーニングブック ―

2020 年 8 月 7 日	1 刷

著者	亀山 征史
発行者 ──	南雲 一範
発行所 ──	株式会社 南雲堂

東京都新宿区山吹町 361（〒 162-0801）

電話	03-3268-2311（営業部）
	03-3268-2387（編集部）
FAX	03-3260-5425（営業部）

口座振替：00160-0-46863

E-mail	nanundo@post.email.ne.jp
URL	http://www.nanun-do.co.jp
装丁	銀月堂
印刷所	日本ハイコム株式会社
製本所	松村製本所
DTP	Office haru

Printed in Japan ＜検印省略＞
ISBN978-4-523-26597-9 C0082 〈 I-597 〉

大きく！見やすく！わかり易い！

大好評の「英文法ビフォー＆アフター」が4色カラーになりました。

英文法
ビフォー＆アフター

【普及版】

Ａ５判　フルカラー　512ページ
全27章　定価1470円（本体1400円）

豊永 彰 著

判型体裁を一新した新版！詳しい説明こそ本書の特色です

好評を博した前作の判型をＡ5判にあらため、「限定詞」の項を新しく書き加えて、4色刷にリニューアルした文法書の決定版！
　自宅学習用におすすめ！うわべだけの限定的な説明ではなく、かんで含めるような懇切丁寧な解説が特徴です。

Contents
8品詞／文とその構成要素／文型と文の種類／句と節／動詞と動詞の活用／時制／（受動）態／助動詞／（叙）法／否定／名詞／代名詞／疑問詞／関係詞／形容詞／限定詞／副詞／比較／不定詞／分詞／動名詞／前置詞／接続詞と節／呼応／時制の一致と話法／倒置・省略・強調／文の転換が特徴です。

好評既刊本！
大学生のための英語構文ビフォー＆アフター
四六判　168ページ　定価1050円（本体1000円）